里程碑
文库
THE
LANDMARK
LIBRARY

人类文明的高光时刻
跨越时空的探索之旅

古代奥运会与体育精神的起源
THE STORY OF
THE ANCIENT OLYMPIC GAMES
BY ROBIN WATERFIELD

奥林匹亚
OLYMPIA

[英]罗宾·沃特菲尔德▸著
李辰优▸译

北京燕山出版社
BEIJING YANSHAN PRESS

纪念我在"游荡者跑步俱乐部"和"海勒奔跑者"度过的时光。

目 录

前言   1

1 神圣的奥林匹亚   9
2 起源   33
3 古希腊的体育与社会   59
4 奥林匹亚竞技会   87
5 比赛项目   107
6 英雄与胜利者   137
7 奥林匹亚与政治   161
8 衰落与复兴   183

附录 马拉松的传说   209
相关事件年表   213
注释   217
扩展阅读   221
图片来源   223
译名对照表   224

******

前言

就像讨论古代世界许多其他方面的问题一样，探讨古希腊奥林匹亚竞技会之前，抛开先入为主的概念非常重要。其中两点须格外明确：第一，古代奥林匹亚竞技会是宗教节日的一部分，其概念与现代体育竞赛的概念在性质上完全不同。古希腊宗教的关键在于实践活动，而非信仰或教义。每个人都能观看这种体育竞赛，参赛者、观众与裁判都被视为宗教仪式的参与者。也许运动员会认为，他们消耗体能的过程就是向诸神奉献能量的过程——尤其是向宙斯，奥林匹亚竞技会的主神。他们很可能将比赛当成献给诸神的娱乐项目，是在为神表演，以示敬奉。

甚至连"奥林匹亚"这个名字也蕴含着宗教意义。它源于奥林匹斯山——希腊最高的山，也是传说中宙斯及其庞大家族的居所。虽然宙斯不一定是奥林匹亚当地最初的守护神，但竞技会的确是向"奥林匹斯山的宙斯"献祭的宗教仪式。向宙斯宣誓是运动员到达奥林匹亚后首先要做的事情。他们会承诺遵守比赛规则，作弊或其他违规行为所产生的罚款都会被奉献给神。竞技会期间经常举行对各位神祇的献祭活动，这是整场竞技会的高潮。在堪称奥林匹亚心脏的圣地阿尔提斯，神殿、祭坛和神龛随处可见。

第二，谈论"体育"，可能会让现代人产生一些不恰当的联想，特别是"公平竞争"和"重在参与"*，但这对古希腊人来说是

---

* 19世纪末，皮埃尔·德·顾拜旦男爵致力于振兴古代奥林匹克运动。1908年7月24日，他在伦敦奥运会上发表演讲时说："对人生而言，重要的不是凯旋，而是奋斗；重要的不是胜利，而是参与。"

难以理解的。于他们而言，胜利就是一切，输家以失败为耻。维奥蒂亚的诗人品达在诗中写道："他们（失败者）蜷缩于阴暗的后巷，躲避着自己的对手，被失败的悔恨蚕食着。"[1]我们对这种情绪当然也不陌生。20世纪60年代，美国历史上最成功的橄榄球队之一——绿湾包装工队的传奇教练文斯·隆巴迪就曾说："胜利不是一切，而是唯一。"尽管古希腊人有时也能意识到第二名和第三名付出的努力同样值得尊重，但对他们来说，只有获胜才能证明你赢得了神的青睐。

乔治·奥威尔曾把体育比赛（或者至少是国际足球比赛）形容为"没有硝烟的战争"。[2]我们也很容易认为竞技会比赛项目的意义在于培养实用的战争技能，毕竟古希腊人就用这个理由来解释他们花费在包含体育竞赛的节日庆典上的巨额公款。这是一个很有吸引力的想法——尤其还因为古希腊语中表示"体育竞赛"的"agōn"一词，含有"战役"的意思——但其实站不住脚。

的确，我们不难为某些体育项目找到相应的军事源头。如果你将掷出一支长矛的距离看作需要冲刺的距离，或是想象自己正在追击溃逃的敌人，那么跑步就是一种军事练习；如果你想象自己正在跨越战壕，那么跳远也是一种军事练习。但实际上，竞技会赛场上的技巧，很少能真正转化为典型的古希腊战士应该具备的军事能力。例如，战车比赛在公元前680年首次被列为正式比赛项目，希腊人停止在战争中使用战车很久之后，这个项目也没有被取消。公元前7世纪的斯巴达诗人提尔泰奥斯甚至怀疑，运动

能力是否能培养出战争所需要的勇气。在公元前5世纪雅典戏剧家欧里庇得斯的一部作品中,某个角色(我们不知道他的身份)说:"难道他们准备拿手里的铁饼对抗敌人吗?难道他们能用拳头打穿盾牌,把敌人从祖先的土地上驱逐出去吗?"[3]

欧里庇得斯的讽刺是情理之中的。从公元前500年的第70届古代奥林匹亚竞技会开始,公元前5世纪曾有连续14届竞技会举办了骡车比赛。该比赛的设置,显然不是为了模拟战争中可能发生的任何情况。此外,战争通常需要团体合作,但竞技会中并没有团体比赛项目。对古希腊人来说,比赛本身就是目的,与现代体育人一样,他们的动力也源自对竞技的热爱、自豪感及爱国主义精神。战争和体育之间的关联,只在于两者都有助于培养力量、耐力、纪律和勇气,而且因为体育精神反映了战争精神(所以才会用同样的单词表示),二者都需要在尊重规则的前提下使用暴力。

上页图
阿尔提斯考古遗址。请注意顶部的宙斯神庙,
以及左下方的方形的列奥尼达斯旅馆。

✶ ✶ ✶ ✶ ✶ ✶

神圣的奥林匹亚

水是最好的,黄金也是,
在夜晚闪耀光芒,胜过世间所有珍宝。
但是,我亲爱的灵魂,
如果你想歌颂一场真正的比赛,
正如在白昼仰望孤寂的天空,
试图寻找比太阳更耀眼的星辰。
世间没有什么比得上,
奥林匹亚赛场上的光彩与辉煌。
——品达,《奥林匹亚颂歌》(*Olympian Odes* 1.1—12)

公元前6世纪末、5世纪初最著名的抒情诗人,来自维奥蒂亚的品达,曾如此歌颂古代奥林匹亚竞技会。古希腊重大体育竞技会的获胜者会委托品达这样的诗人把他们短暂的胜利转化为永恒的声誉。可以说,就像在赛场上那样,他们得偿所愿了。第1届古代奥林匹亚竞技会的举办距今约2800年,品达逝世也近2500年,但他的胜利颂歌依然在被人传诵。

那时的比赛是顶级名流之间的交流。具体到《奥林匹亚颂歌》,则是一位君王和一位著名诗人的故事,由叙拉古僭主希罗委托品达所作。希罗在整个地中海世界都很有名,不仅因为他是西西里岛叙拉古的统治者,还因为他对西西里地区的所有希腊人建立了有效统治,可以说,他是当时欧洲权力最大的人。他在公元前476年竞技会的赛马项目中获胜之后,付给品达一大笔酬劳,以便让全世界,尤其是他的对手,都能知道他的成就。这并不是他唯一一次让品达歌颂自己在体育上的成就。[1] 通常情况下,品达不仅会创作词曲,还会训练合唱队,让他们在首次公开表演中演唱颂歌。

奥林匹亚位于希腊南部伯罗奔尼撒半岛的西北部。伯罗奔尼撒半岛中部大部分地区崎岖多山,群山又被沿海平原包围,奥林匹亚就在其中一片美丽的平原上,被克洛诺斯山陡峭的山坡环绕。两条河流在奥林匹亚交汇——水量小的是哥罗底亚斯河,水量大的是艾尔菲奥斯河,后者常年不会干涸,这在希腊南部较为罕见。奥林匹亚地势低洼、气候潮湿,到处都是牛蛙和高大的芦苇。古时候，人们向"避讳苍蝇者"宙斯祈祷，祈求不受害虫侵扰。信徒们坚信这会有用：罗马作家艾利安在公元2世纪末或3世纪初记载，竞技会期间，苍蝇会主动远离赛场，飞到艾尔菲奥斯河的另一畔。²

最初，古代竞技会主要由当地选手参加，但其赛场的地理位置有利于赛事逐渐国际化，因为奥林匹亚地处偏远，所以对所有希腊人来说，到达那里的便捷程度（或困难程度）都相同。奥林匹亚附近唯一能在规模和重要程度上与之匹敌的只有位于其北部的伊利斯，两地相距两天的脚程。公元前8世纪，伊利斯才真正开始发展为城邦，但从国际地位来讲，它在几十年间其实一直都微不足道。比萨镇离奥林匹亚更近（所以奥林匹亚有时候被诗人称作"比萨"），但只是一座农业小镇。除此以外，奥林匹亚东边有伯罗奔尼撒的山脉阻挡，西边则被大海隔绝。

对大多数访客而言，比起走路或乘马车、骡车，坐船去奥林匹亚更加便捷。对任何人，尤其对大希腊地区（西西里岛和意大利南部）的希腊人来说，坐船虽然耗时间，却是一种切实可行的出行方式。附近的海岸线上绵延着沙滩，船只靠岸很方便，*再走几千米就能到奥林匹亚，而且那里还有一两个小港口。古代的海岸线比如今的更靠近奥林匹亚，因此轻型船只完全可以沿艾尔菲奥斯河（从奥林匹亚西边汇入爱奥尼亚海）航行，抵达赛场。

---

* 古代的船只无法在水里停泊太久，必须让桨手休息，把船内部弄干，并清理破坏性强的"蛀船虫"（一种会在木头上钻孔的软体动物）。

发掘遗址

几个世纪的河流改道，毁掉了奥林匹亚的一部分遗址，地震更加剧了破坏，而近期的研究提出了这样一种可能：公元6世纪中期，奥林匹亚曾遭遇海啸。无论原因如何，奥林匹亚遗址后来被几米深的淤泥覆盖着。当然，当地人知道那里不只有淤泥，因为在洪水冲刷或耕地开垦后，他们会在淤泥之下挖出一些陶瓷碎片、破碎的瓦片以及古老石雕的残片。不过，这个遗址直到1766年，才由英国探险家、古文物研究者理查德·钱德勒，在致力于研究希腊和罗马艺术的伦敦业余者协会赞助下，于探险途中正式"发现"。

1829年，法国人着手对奥林匹亚遗址进行首次发掘（由建筑师纪尧姆—阿贝尔·布卢埃指导，他后来完成了巴黎凯旋门的修建），但他们仅仅发掘出一部分宙斯神庙。法国人对伯罗奔尼撒半岛的考察实际上带有军事目的，布卢埃及其同事，还有其他一些科学家和艺术家，都参与了这次考察。法国人进行考察的原因是希腊当时正处在一场革命中，他们希望能将自己从土耳其人近四百年的统治中解放出来，但希腊人仅靠自己没办法反抗成功，因为他们的自由战士时常内斗。当时，不仅有法国人在帮助希腊人，英国人和俄罗斯人，甚至还有一些从遥远的美利坚来的"亲希腊人士"也是同样。最著名的"亲希腊人士"是英格兰的拜伦勋爵，作为英国贵族和畅销诗人，他借自己的名望为希腊革命募集了大量财力、物力支持,后在战争期间病逝于希腊中部的迈索隆吉翁。希腊独立战争爆发于1821年,但直至1832年才正式取得胜利。

成功独立后,希腊人日益高涨的民族自豪感让新成立的希腊共和国更加重视本国文物,并建立起自己的考古研究事业。希腊人给予欧洲强国及美国的考古机构以研究资格,允许他们进行适当、谨慎、科学的挖掘。同一时期,伦敦、柏林、巴黎等地纷纷建起了大型博物馆,因为许多贵族及私人收藏家手中的珍品与文物也被上交给了国家。这些博物馆象征着国家实力,而其中的藏品更被视为国家势力扩张到了世界上那些遥远、神秘地区的证据。

经过漫长的谈判,奥林匹亚的发掘工作交到了德国人手中,并在德国考古研究所的主持下,于1875年开始。有史以来第一次,人们对挖掘成果进行了明确的分配:按协定,所有考古发现仍归希腊所有(这样文物就不会像早年一样被带回德国),不过德国人有权发表这些文物发现及考古成果。第一次发掘工作于1881年结束;第二次从1936年持续至1941年,与德国在战时占领希腊的时间部分重合;第三次于1952年开始,此后每年都会进行。由于遗址面积很大,考古工作相当艰苦,所以发掘工作还在继续。直至今日,甚至连体育馆都还没有完全露出真容。

下页图
乔治·戈登(1788—1824),第六代拜伦男爵。作为顶级名流,他用自己的名望为希腊的自由事业提供支持。托马斯·菲利普斯作于1813年。

阿尔提斯和它的拜访者

奥林匹亚的中心区域是阿尔提斯，敬奉宙斯的圣域。这里对宙斯的崇拜始于公元前11世纪，他的一座神谕所就位于此地。这座神谕所好像专门赐予军事方面的启示，我们现在很难知道它究竟灵验与否，因为它的名声被位于希腊中部德尔斐的阿波罗神庙掩盖了。奥林匹亚从公元前8世纪开始举办某种形式的比赛，一直持续到公元4世纪末，当时的罗马皇帝狄奥多西大帝信仰基督教，将竞技会视为异教徒的仪式，因此将其叫停。这11个世纪中，许多建筑在阿尔提斯修建起来，包括一座建造于公元前5世纪的宏伟的宙斯神庙。经过不断发展，现代参观者面对的阿尔提斯是一片杂乱堆砌着大量石块的令人费解的区域，所以一本好的旅行指南或一位好的向导，成了来此参观的必备条件。最早的旅行指南由马格尼西亚（位于小亚细亚，今土耳其境内）的帕萨尼亚斯著于公元2世纪。他遍游希腊南部（当时是罗马的亚该亚行省），记录下所见古迹，并在奥林匹亚逗留了很长时间。第一批考古学家经常参考他的作品，以便弄清自己发掘的东西到底是什么。

阿尔提斯今天的拥挤会让人想到古代奥林匹亚竞技会的繁忙景象。成千上万的观众、小贩、奴隶（劳工或服侍主人的随从）、诗人、艺人、运动员、祭司、占卜者、城邦代表以及竞技会的官员从各地前来，在或神圣或世俗的建筑之间、在诸神与运动员的雕像之间穿行。古代竞技会的参与者可以说真是来自希腊社会的各个阶层。罗马时期马其顿王国的贝罗埃亚就曾留下一则铭文，纪念一位名叫卡西利斯的烘焙师八次造访奥林匹亚的经历。[3]这里有许多向游客出售食物和纪念品的摊位，附近的河流则提供了充足的水源。此外，每次举办竞技会前，人们还会多挖几口井。

当时，最早的体育场中的前两座已经建成，有部分位于阿尔提斯内部，但到公元前4世纪后期，不断增建的建筑让那个区域拥挤起来，于是人们在阿尔提斯东边建起一个新的体育场——这是几个世纪里的第三次修建（共有五次）。由于第四、五次翻新带来的变化和改进不明显，所以我们今天看到的基本上还是第三次修建后的样子。这是一座了不起的建筑，其人员容量证明着这场古老竞技会爆棚的人气：斜坡式观赛席能容纳四万名观众，相当于今天切尔西足球俱乐部著名的斯坦福桥球场或者芝加哥小熊队主场瑞格利球场的承载力。只有很少一部分座位是石制的，而且被砌高了：一组在跑道的南侧，为裁判和一些显要人物准备；另一组在北侧，留给当地德墨忒尔的女祭司。女祭司在竞技会开始时会被分配承担相应的职责，但我们尚不清楚她在整个过程中具体扮演了什么角色，学者们倾向于认为她的出席代表着对过往的传承。运动员会通过一道于公元前4世纪即将结束之际建成的拱形门廊进入体育场。

为了体验参加古希腊世界最盛大的宗教庆典的激动与兴奋，观众通常要忍受数周的艰苦旅行，而一旦抵达了奥林匹亚，他们需要面对的不仅是酷热和不卫生的环境、露天住宿的条件、不断拥挤推搡的人群，还必须时刻提防窃贼。人们在神圣的阿尔提斯外围，甚至在更远的距离之外搭起帐篷、筑起小屋（除了避免过度拥挤，还有一个重要的问题是必须避免人类排泄物的气味玷污阿尔提斯）。来自同一城邦的游客很可能会连续几届竞技会都在这里占据同一块空地。赛马场以南、环艾尔菲奥斯河的一片平地很受大家欢迎。聚集地的划分在某种程度上体现了人们的阶级分化。富人占据着丘陵的斜坡，在那里感受徐徐清风；穷人只能汗流浃背地聚集在闷热的低处。

富人住在正经的帐篷里，有奴隶照料；而穷人只能把布料挂在树枝之间，或用竿子撑起，以此勉强遮风挡雨，或者干脆露天而眠。毕竟，竞技会在盛夏举行，天气非常炎热，据说，米利都的泰勒斯（古希腊七贤之一）就是在公元前548年的古代竞技会期间因中暑而去世的。[4] 参赛者被安置在体育馆附属的房间里，或者说至少从公元前3世纪开始是这样安排的——在此之前，他们也得像其他人一样露营。第一家设有餐厅的旅馆建于公元前4世纪末，由纳克索斯岛的富人列奥尼达斯捐资，但作为高端设施，只接受极少数人住宿。

希腊身份

无论是富人还是穷人，无论是来自少数著名大城邦还是来自大多偏远小城邦，来到奥林匹亚的每个人都认为彼此之间有亲缘关系。古代竞技会是对他们"希腊身份"的肯定，尤其对那些来自海外或希腊世界边缘的人而言更是如此。公元前5世纪,哈利卡纳苏斯的历史学家希罗多德说过,能把所有希腊人——无论住在哪里——捆绑在一起的东西,是他们共同信奉的诸神的神殿以及庆典和仪式。[5]他当时想到的就是古代奥林匹亚竞技会和其他类似的庆典。古代竞技会这样为大家所共享的宗教庆典让希腊人有了承认其文化统一的机会,尽管正如我们将看到的,这往往并不能掩饰他们之间的政治分歧。

那时的"希腊人"不仅居住在我们今天所知的希腊境内,还分散在地中海和黑海沿岸的各城邦。大约从公元前5世纪中期开始,奥林匹亚开始任命"Hellanodikai",即"希腊人的裁判",其职责之一就是确保所有参加竞技会的选手都是真正的希腊人,拥有城邦的完整公民权(尤其不能是奴隶),并在城邦中具有良好的声誉。几个世纪以来,希腊身份都是参加古代竞技会的先决条件,但到公元前3世纪末,罗马人成了地中海世界的新主人,为了迎合他们,该要求有所放宽(虽然罗马人事实上只参加了与马术有关的比赛,其他项目仍留给希腊人)。

希腊社会惯常的排他性和等级结构的划分,也适用于参赛者和观众:运动员全是男性;*奴隶只能在马术比赛中作为主人的代理人参赛;已婚女性(除了德墨忒尔的女祭司)和非希腊人甚至不被允许观看比赛(但可以观看其他一些庆祝活动)。女性大多在青

---

* 不过,女性运动会,尤其是年轻未婚女性运动会,在希腊的许多地方(包括奥林匹亚)都举办过,我们之后将讨论这个话题。

春期后不久就结婚了，所以只有非常年轻的女性，也就是青春期的少女，才可以进场观赛。在菲洛斯特拉图斯于公元3世纪记载的一个古代故事中，我们可以看到竞技会对女性的禁止程度。一位名叫费雷尼丝的母亲从罗德岛陪儿子佩西霍多斯前往奥林匹亚参加拳击比赛，并女扮男装混入了教练坐席。佩西霍多斯获胜时，她开心得跳起来，一下子把衣服弄乱，露出了马脚。从此以后，法官便拥有了强迫包括教练在内的所有人员脱光衣服，以便核验身份的权力。[6]

宙斯神庙

尽管地理位置偏远，圣地阿尔提斯还是逐渐发展成了古代地中海地区最壮丽的地方之一。阿尔提斯最抢眼的建筑是宙斯神庙，这是整个伯罗奔尼撒地区最大的庙宇，公元前5世纪上半叶由伊利斯城邦建造：伊利斯人与比萨的阿卡狄亚人为争夺奥林匹亚的控制权，斗争了至少两个世纪，修建这座神庙就是为了纪念斗争胜利。*神殿的规模非常大，由于采用本土不出产的大理石修建过于昂贵，所以人们采用了一种更加实惠、含化石的石灰岩，再为其加上涂层，使其获得了类似大理石的外观。

公元前5世纪的最后30多年，神庙拥有了古代世界公认的奇迹之一——宙斯坐在宝座上的神像，高达13米，由雅典著名雕塑

---

* 这并不是富饶而享誉盛名的奥林匹亚因其控制权引起的唯一一次战争。详见后文。

家、建筑师菲迪亚斯雕筑。建造神像的材料选用了黄金和象牙，镶嵌在木质框架上。这不仅是因为黄金和象牙光彩夺目，还因为如果采用传统材料，比如空心铜或石头，雕像会过于沉重。在菲迪亚斯看来，宙斯应该庄严而不凶猛，因为他是胜利的使者。

公元前5世纪30年代初，菲迪亚斯曾成功设计并雕筑了雅典新帕特农神庙中的雅典娜神像。那尊以黄金和象牙为材料的神像，证明了菲迪亚斯制作巨型雕塑的能力，所以宙斯神像的雕筑工作也委派给了他。令人惊讶的是，考古学家在奥林匹亚遗址幸运地发现了一个刻有菲迪亚斯名字的杯子，*还有宙斯神像部分衣饰的陶模碎片，进而确定了菲迪亚斯工作室的遗址被掩埋在一座基督教教堂之下。这些残片能留存如此之久，可能是因为菲迪亚斯建成宙斯神像后声名大振，他的工作室也被保留下来，成了某种意义上的博物馆。这间与宙斯神庙并排而立的工作室，完全复制了神庙内部安置神像的房间，方便菲迪亚斯在比例精准的空间里雕筑神像。神像在工作室做好后被拆分，运到神庙内部之后再重新组装。

公元2世纪时，宙斯神像仍然存在，帕萨尼亚斯在他的希腊之行中目睹到：

这位神坐在宝座上，身体用黄金、象牙雕制，头上戴着看起来像是用橄榄枝做成的花环。他右手托着的胜利女神小雕像，也

---

* 杯子底部刻了一句话："我属于菲迪亚斯。"——译者注

用黄金、象牙做成,头上束着发带、戴着花环;左手持权杖,上面装饰着人类能想象到的一切金属,顶部栖着一只鹰。神的鞋履和长袍也用黄金制成,袍上饰有各种图案和百合花。神的宝座由黄金、宝石、乌木和象牙点缀,上面绘有图案、刻着浮雕。四座胜利女神的雕像,被塑造成正在跳舞的女郎模样,舞动于宝座的每根脚饰中。[7]

这座神像在奥林匹亚一直留存到公元4世纪末,后被运到君士坦丁堡,也就是被称作"第二罗马"的东罗马帝国首都。公元475年,一场大火吞没了君士坦丁堡市中心,宙斯神像也葬身于此。

运动员在阿尔提斯的首次集合就在宙斯神庙旁。装饰神庙的彩绘雕塑向他们展示着英雄的气概与荣耀的典范,并激励他们实现古老的荷马式理想:"永远做最杰出的人,永远超越他人。"[8]今天,这些雕塑在奥林匹亚博物馆中以与人类视线相平的高度被优雅地陈列出来,只是上面的彩绘早已褪色。彩绘雕塑描绘了赫拉克勒斯的功绩(因为他正是力量和男子气概的典范),还介绍了当地英雄佩洛普斯(伯罗奔尼撒半岛就是以他的名字命名,意为"佩洛普斯之岛")的传说:在与比萨王俄诺玛俄斯的战车比赛中,佩洛普斯没有依靠诡计,而是凭着神的护佑获得了胜利(故事的另一个版本我们后面会提及)。这个故事传达了一则信息,即凡人可以在神的激励下获得胜利。传说中,佩洛普斯原本是个凡人,后来却超越了凡人,成为古希腊宗教观念中的"英雄"。对奥林匹

亚的运动员来说，这是一个非常合适的榜样。此外，雕塑还表现了拉庇泰人与野蛮的半人半马族肯陶洛斯人的战斗。*拉庇泰人被描绘成运动员（尤其是摔跤手）的形象，向雄心勃勃的真正的运动员传达了一则显而易见的信息：凭借卓越的训练，人类也能战胜野兽。

辉煌的阿尔提斯

奥林匹亚不仅仅是宙斯的圣地。到公元前3世纪早期，阿尔提斯已经建起了宙斯之妻赫拉的神庙（希腊现存最古老的神庙，可追溯至公元前6世纪早期）和众神之母瑞亚的神庙、古老的佩洛普斯祭坛、神圣的宙斯祭坛、美丽却恶名昭彰的圆形神庙（由马其顿国王、亚历山大大帝的父亲腓力二世修建，他将自己和家人塑造成了神的样子）、宏伟的行政建筑、用于遮阴躲雨和购物的柱廊、装满了获胜运动员和城邦奉献的各种珍宝的宝库、一座供运动员训练用的巨大体育馆、列奥尼达斯的旅馆以及许多其他大型建筑。

宙斯祭坛位于阿尔提斯一片开阔的土地上，不属于任何一种结构，完全由燃烧祭品产生的大量灰烬和残骸堆积而成，这些灰

---

* 希腊神话中，拉庇泰人的国王庇里托俄斯与美丽的希波达弥亚举行婚礼，半人半马的肯陶洛斯人也受到邀请，前来参加婚宴。肯陶洛斯人在婚宴上纵饮后失去理智，企图抢走新娘，因而引发一场恶战。——译者注

宙斯神像，由雅典的菲迪亚斯建造，是吸引人们来奥林匹亚参观和朝圣的主要原因之一，也被认为是世界奇迹之一。

烬和残骸因不断献祭、焚烧的动物祭品产生的油脂而凝固。人们不仅在每四年一次的节庆中献祭动物，其间也会定期举行这种仪式。即使不在古代竞技会期间，这里也绝不会被冷落，经常有朝圣者来此献奉。到了于公元2世纪写就《希腊志》（*Description of Greece*）的希腊旅行作家帕萨尼亚斯的时代，祭品灰烬堆起的祭坛已成圆锥体，高7米，底部周长38米。祭坛是阶梯式的，方便祭祀者登上顶端。尽管它体积庞大、性质特殊，但并非独一无二，附近的黎凯乌姆山上还有一座类似的祭坛，那里是另一个以敬奉宙斯为目的而举办竞技会的地方。传说宙斯为了宣称对阿尔提斯的所有权（可能是为了把它从其他更古老的神手里夺过来），向奥林匹亚掷下雷电，而宙斯祭坛所在处就是雷击的地方。

古代竞技会期间，人们每天都会以动物为牺牲，举行献祭仪式，其中"百牲祭"（hecatomb）最为盛大。这个词的字面意思是"一百头牛的牺牲"，实际上可以指代任何大规模的活物献祭，且动物的数量可以不足一百，但仍是令人印象深刻的昂贵献祭。这些祭品通常由城邦或富有公民奉献，而非古代竞技会的组织者提供。百牲祭是一场重大而混乱的活动：牛被一头接一头地宰杀、切开，肉块或在祭坛当场烧烤，或分给人们各自烹调，同朋友或仆从一起享用。在希腊，聚餐是动物祭祀之后的经典项目，而庆典也就在献祭和盛宴的欢乐中圆满落幕了。那时的聚餐没有素食主义者的一席之地，不过古埃及瑙克拉提斯的阿忒纳乌斯在公元2世纪记述过一件不大可能发生的事：神秘主义哲学家、毕达哥拉斯哲学思想的追随者、来自阿克拉伽斯的恩培多克勒（生于一个古代竞技会获胜者家庭），曾用大麦面团和蜂蜜做出一头美味的牛，在祭典上奉献了出来。[9]

阿尔提斯也有雕像，但如今只有少部分雕像底座留存下来，分散在阿尔提斯各处。那里曾经遍地雕像，排列在每条道路两旁，纪念体育比赛和战争的胜利。奥林匹亚不仅是圣地，是举行体育竞技会的场所，也是博物馆和名人堂。那些雕像通常是真人大小，有一些是摆出英雄姿态的独立人像，另一些的造型则反映出他们赢得的比赛项目。马术雕像尤为醒目，其中最大的一座包括一整驾青铜驷马战车。最高的一座是曼德雕塑家帕奥尼斯的胜利女神尼姬雕像，公元前5世纪20年代末由美塞尼亚人敬奉。公元前425年，美塞尼亚人在斯法克特里亚之战中戏剧性地战胜了无往不胜的斯巴达人后，奉献了这座雕像以作纪念。雕像矗立于9米高的柱子上，描绘了胜利女神从天而降至阿尔提斯的样子。*胜利是奥林匹亚的重中之重，但胜利女神却擅长以迅捷的脚步前行。公元前3世纪早期，一座能与这尊胜利女神的高度相媲美的雕像完成了——埃及法老托勒密二世及其妻子（也是他的姐姐）阿西诺亚

---

* 帕奥尼斯是那个时代的著名雕塑家，特别是为奥林匹亚雕刻了许多作品，但能留存下来的却很少。这座胜利女神残像现收藏于奥林匹亚考古博物馆，其部分已经缺损，但她的体态轮廓透过飘逸的布料生动地显现了出来。

下页图
马其顿的腓力二世（公元前382—前336年），希腊征服者，命人建造了这座漂亮的圆形建筑，用以展示家族成员的镀金雕像，也彰显他的权力。

第一辑

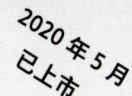
2020年5月
已上市

大英博物馆：第一座公众博物馆的诞生

读懂大英博物馆的"前世今生"，反思人类文明成果的"正确"收藏方式

光之城：巴黎重建与现代大都会的诞生

看百年前的巴黎，如何从污水横流、疾病丛生之地一跃成为梦幻之都

英国皇家学会：现代科学的起点

加入世界上最负盛名的科学学会，与牛顿、达尔文、霍金一起为真理而奋斗

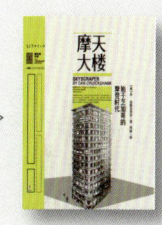

摩天大楼：始于芝加哥的摩登时代

重返19世纪的芝加哥，见证摩天大楼怎样改变现代城市

格尔尼卡：毕加索的愤怒与人类战争反思

深度解析毕加索旷世名作的来龙去脉，用艺术对抗人类的悲剧

陶瓷：粘连文明的泥土

遍寻三千年陶瓷演变历史，领悟东西文明的碰撞如何改变历史进程

人类文明的高光时刻
跨越时空的探索之旅

里程碑文库

本文库由未读与英国宙斯之首联手打造,邀请全球顶尖人文社科学者创作,撷取人类文明长河中的一项项不朽成就,深挖社会、人文、历史背景,串联起影响、造就其里程碑地位的人物与事件。作为读者,您可以将文库视为一盒被打乱的拼图。随着每一辑新书的推出,您将获得越来越多的拼图块,并根据自身的兴趣,拼合出一幅属于您的独特知识版图。

第二辑

贝多芬与《英雄交响曲》:浪漫主义交响乐的开端

回顾天才音乐家的坎坷人生,奏响英雄主义与人类手足之情的赞歌

奥林匹亚:古代奥运会与体育精神的起源

再现古代奥运会的真实场景,重温世界级体育盛会的千年沧桑

哈德良长城:罗马帝国的荣光与文明世界的尽头

走近罗马帝国规模最大的建筑遗址,还原"文明与野蛮"的残酷真相

玄奘与丝绸之路:东西文化交流的传奇之旅

重走丝绸之路,在全球皆通途的时代,再次用脚步丈量玄奘的伟大

巨石阵:神秘的史前遗迹与考古迷思

拨开历史与传说的迷雾,深度挖掘史前人类的建筑奇迹

的镀金雕像,矗立在主柱廊前一根8米多高的立柱上。

一旦获得奥林匹亚官方许可,获胜的运动员本人或其家乡就会竖起冠军的雕像。这些雕像实际上是为了向神还愿。如果说胜利是神恩赐的,那么奉献给神一座雕像就是表达感谢的方式。委托雕塑家制作雕塑以纪念胜利的方式,始于公元前6世纪初,当时,按照真人外表制作雕像才刚兴起,所以这些雕像相当令人震撼。奥林匹亚在很大程度上推动了后来欧洲的人像雕塑传统的形成。当然,不一定每座雕像都能精准再现胜利者的容貌和形体。许多雕像都经过美化,只有其上镌刻的铭文透露出与雕像原型有关的细节,但至少人体雕塑仍起源于此,或者说随着胜利女神雕像问世,人体雕塑得到了极大的弘扬。这就是为什么直到几个世纪后,占领了埃及和叙利亚的希腊—马其顿国王们,即便宫廷奢华又优雅,却仍喜欢塑造自己裸体的英雄形象。赤裸的运动员身体成为男子气概的原型,而运动员的姿态也给了雕塑家展示精湛技艺的机会。

体育场拱形入口边上有许多宙斯铜像,铜像的底座上刻有试图在比赛中作弊的人的名字,比如有些选手想绊倒对手,有些贿赂裁判或其他选手,有些劝说自己的对手放水,还有些代表自己不具备其公民身份的城邦参赛。据说还有人诅咒其他运动员,例如,"如果欧提其安参加摔跤比赛,请让他摔倒出丑"。假使裁判发现了刻有诅咒的石板,应该也会将其算成作弊行为。[10]为了激发

肯陶洛斯人与拉庇泰人的战斗。该雕塑位于宙斯神庙西面的山形墙上,展现了训练有素、有运动技能的人类对对手的压制。

地下世界的神灵施展出他们的力量、完成他们的使命，这类诅咒通常会被埋在地里。不过，作弊者的雕像很少，只在公元前4世纪短暂出现过一些，并且需要作弊者或其母邦支付制作雕像的可观费用。在其他时期，作弊者必须承受被公开鞭刑的羞辱，并缴纳巨额罚款。

　　体育场的阶梯式观众席上，到处都钉着木桩，上面挂着战场上的敌人身穿的盔甲，所以每个木桩看起来都隐约像个人。奥林匹亚是庆祝胜利的主要地点，是敬奉的最佳场所，所以人们喜欢把战利品送到这里。当时有个不成文的规定，人们应该把在战争中获得利益的十分之一奉献给神，这是奥林匹亚变得极其富有的原因之一。运动员在场下比赛时，战利品就在高处守望着他们，还能给少数观众提供一些荫蔽。

　　随着时间的推移，奥林匹亚的建筑越发宏伟壮丽。大量钱财花在了装饰场址上，维持赛事运营想必也需要巨额费用。这些钱一部分来自伊利斯的公共财库（包括休赛期间把体育场作为农田出租的盈利），另一部分来自富人自愿或义务的捐赠（这是古希腊人的惯例，因为他们缺乏正规的所得税制度）。虽然奥林匹亚不收入场费，但观众也会捐赠财物，所以古代竞技会至少可以达到收支平衡。即便出现资金短缺的情况，伊利斯可能也不大介意，因为通过举办竞技会，就算没有获得足够的真金白银这种物质上的资本，他们也能得到象征性的资本——巨大的声望。

******
起源

始于1896年的现代奥运会在世界各地每四年举办一次。而纵观古代奥林匹亚竞技会的历史，举办地只有一个——奥林匹亚。前面已经提到过，这个地点很合适，因为其偏远的地理位置让它更有可能保持中立，在这里运动员彼此平等。那么奥林匹亚的体育竞赛是如何兴起的呢？要探究这个问题，我们需要明确现实与故事的界限。古希腊人痴迷于文化的起源，为了解释奥林匹亚竞技会的兴起，他们讲述了许多故事，提供了许多可能性。按照他们的思维方式，如奥林匹亚竞技会般重要的文化传统一定拥有充满传奇色彩的开端，于是，就同希腊文化的其他方面一样，为了解释竞技会的起源，他们将目光投向了神话和传说中的神灵与英雄。

神话

　　帕萨尼亚斯记载了一则奥林匹亚竞技会的起源故事。根据他的说法，这是当地的古董商人告诉他的。在这个版本中，诸神选择了奥林匹亚作为比赛地点：宙斯在这里与父亲克洛诺斯进行摔跤比赛，争夺成为众神之王的权力；一位达克堤利（抚养幼年宙斯的神灵）发起了竞走比赛，让自己和兄弟们争个高下；阿波罗在赛跑中战胜了迅捷的赫尔墨斯，甚至还在拳击比赛中击败了战神阿瑞斯。但后来，诸神不再生活在人间，所以这一神圣的比赛制度（有些项目甚至可以追溯至公元前1581年）便被逐渐遗忘了，因此才需要后来的复兴。[1]

在另一个版本的故事中，²比赛起源于英雄赫拉克勒斯，是为了纪念他十二功绩中的一件：清扫奥革阿斯的牛棚。*赫拉克勒斯清扫了阿尔提斯，明确了那里的边界，并发起了最初的比赛，以示对宙斯的敬意。传说体育场的跑道长度（约192米）是赫拉克勒斯一口气能全速冲刺的距离，或者刚好是他脚长的600倍。

赫拉克勒斯创立了奥林匹亚竞技会的故事被广泛接受为事实。据说，公元前6世纪的哲学家、数学家毕达哥拉斯对此深信不疑，还以此作为自己计算的基础。³希腊主要体育场的跑道都是600个脚长。这个距离被称为1斯塔德（stade），英文中的"体育场"（stadium）一词就由此而来；但一只脚的长度标准在不同地方也各不相同。在奥林匹亚，1斯塔德的长度略微长于192米，但在科林斯则是165米。所以，毕达哥拉斯计算出赫拉克勒斯的脚长之后，又以此为基础计算他的身高，†然后卖弄学识般总结道："赫拉克勒斯比所有人都高，因为奥林匹亚体育场跑道的长度大于其他体育场跑道采用的600个脚长。"

与赫拉克勒斯的赛事起源传说流传得一样广的，还有一个故事，讲的是神话中珀罗普斯和俄诺玛俄斯的战车比赛。⁴珀罗普斯想娶俄诺玛俄斯之女希波达米亚（意为"驯马者"）为妻，继承俄

---

* 奥革阿斯是伊利斯的国王。欧律斯透斯让赫拉克勒斯一天内把奥革阿斯的牛棚清扫干净。赫拉克勒斯把阿尔菲奥斯河和佩纳俄斯河的水引了过来，把牛棚冲刷干净。——译者注

† 脚长和身高的比例被认为是相当固定的，希腊人甚至习惯在约定时间的时候说"在影子等于10个脚长的时候见"。人们认定，我的影子等于我的10个脚长时，你的影子也正好是你的10个脚长。

诺玛俄斯在阿卡迪亚西部的统治权。但俄诺玛俄斯规定,谁想娶他的女儿,就必须在战车比赛中胜过他。在希腊神话中,求婚者的比赛很常见。但俄诺玛俄斯这个比赛的距离相当罕见,横跨整个伯罗奔尼撒半岛的东西两端。之前来挑战的年轻人非但没有成功,还丢了性命,头骨被装饰在国王宫殿的大门上。珀罗普斯没有退缩,他决心取得胜利。

这个故事接下来又发展出两个版本。在人们最熟悉的版本中,珀罗普斯靠作弊取胜。他收买俄诺玛俄斯的马夫,在国王的战车上动了手脚。战车的一个轮子在比赛中掉落,俄诺玛俄斯因此身亡。而在另一个版本中,珀罗普斯获得了神的恩赐:海神波塞冬给了他一架飞马战车,帮他赢得了比赛。*

为了庆贺胜利,珀罗普斯创立了奥林匹亚竞技会。但这个故事的矛盾在于,它违背了几乎所有希腊人都接受的观点。他们相信,最早的比赛项目只有赛跑,后来才引入马术比赛(起源于公元前680年的战车比赛是最早出现的马术比赛)。因此,一个以战车比赛为重点的故事不应该是竞技会的起源。这个故事出现的时间应该在战车比赛成为奥林匹亚竞技会的固定项目之后才对。由于俄诺玛俄斯是比萨的国王,珀罗普斯的胜利故事可能代表了公

---

* 在上一章中,我(受少数学者启发)提到奥林匹亚宙斯神庙东边墙饰上的雕塑体现了这个故事的后一个版本。在前一个版本中,故事里的英雄是一个作弊者、谋杀者,想让来参加比赛的运动员受他激励,可能不大合理。

俄诺玛俄斯之死。这幅图描绘了他死于与求娶希波达米亚的珀罗普斯之间的战车比赛的场景,是常见的故事版本。

元前6世纪伊利斯在与比萨争夺竞技会控制权时取得的首次胜利。但不管这个故事产生于何时，它确实激发了人们的想象力：帕萨尼亚斯记载，在他的时代，奥林匹亚有许多与这个故事有关的人工造物，尤其是阿尔提斯的一座古坟和一丛树林，被推断为珀罗普斯之墓。在赛马场边上还有另一个坟堆，据说俄诺玛俄斯的鬼魂盘踞于此，马匹都躲着它跑。

虽然解释奥林匹亚竞技会起源的神话有时自相矛盾，但希腊人并不为此感到困扰。他们的神话就是这样——大量相互关联的故事，不断被补充、修改、完善。重要的是，这些神话中的每一则故事，都能在阿尔提斯找到对应的设施或圣地。阿尔提斯与这些神话密不可分。每次举办竞技会时，其神话起源都会在参赛者和观众的心中引起共鸣。

传说

现在让我们从神话迈向传说——所谓的历史人物领域。传说中，最初由神明开创的比赛已被人们遗忘，是伊利斯国王伊菲图斯与斯巴达立法者来库古、比萨国王克利斯提尼共同复兴了奥林匹亚竞技会。据说，当时希腊人之间争斗不断，便向德尔斐的神谕寻求指示，想知道该如何结束冲突。神谕回答，战争应升华为"虚假的战争"，即体育竞技，而且比赛期间应该休战。伊菲图斯因此恢复了奥林匹亚竞技会，订立了休战协定（见第88页）。起初，竞技会只有短跑项目，后来别的跑步项目和其他类型的比赛才渐渐加入，直到基本固定下来，有了人们熟知的形式和流程。

公元前5世纪末，伊利斯的希庇亚撰写的《奥林匹亚冠军录》（*Olympic Victors*），成为迄今为止由古代学者撰写、最具影响力的介绍奥林匹亚竞技会起源的作品。希庇亚写这本书可能是受城邦委任。作品虽没能保存下来（只留下一块莎草纸残片），但它产生了深远的影响，所以我们可以从后世作者的文字中推测出它的某些内容，比如亚里士多德就更新过希庇亚的竞技会冠军名单和比赛结果。很可能是希庇亚提出或延续了"奥林匹亚竞技会始于伊菲图斯、来库古和克利斯提尼三人"这一观点。每届竞技会都以短跑比赛冠军名字命名的传统，也很可能源于希庇亚。因此，公元前200年的奥林匹亚竞技会被称为"埃托利亚的皮耳里阿斯获得短跑比赛冠军的竞技会"。

最重要的是，希庇亚为我们记载了第1届奥林匹亚竞技会的举办时间：公元前776年。实际上，我们不可能精确地确定第1届竞技会的时间，但多亏了希庇亚，这一年份仍有重要意义，它是奥林匹克纪年系统的开始。自此开始，每到第5年就开始一个新的奥林匹克周期。这使希腊人有了基本的时间计算系统。例如，他们可以说马拉松战役发生的时间是第72个奥林匹克周期的第3年，而对现代人来说就是公元前490年。这是一个泛希腊的纪年系统，用于代替和补充每个城邦自有的历法（各城邦通常以在位执政官的名字界定年份，例如雅典就有"某某任雅典执政官的那一年"的说法）。

我们不知道希庇亚是如何确定公元前776年这个时间的，但估计与实际年份相差不远。他很可能是在收集多方信息后通过原始研究得出的结论。其他学者提出了不同的时间，例如公元前3世纪，另一位博学之人、昔兰尼的埃拉托色尼认为公元前884年才是奥林匹亚竞技会的起始年份。根据他的说法，公元前776年只是人们开始起草冠军名录的时间。不过，希庇亚以公元前776年为竞技会开端的说法仍然站住了脚，并在整个古代奥林匹亚竞技会的历史上占据了主导地位。

现代理论

在弄清奥林匹亚竞技会的起源这个问题上，现代学者的迫切程度与古代同行不相上下，毕竟这奠定了竞技会的基础。他们中的许多人注意到古希腊人会以举办体育比赛的方式纪念逝世的重要人物，因此认为奥林匹亚竞技会的发展可能基于丧葬仪式。最著名的例子是公元前700年的荷马史诗中《伊利亚特》第二十三卷描绘的帕特罗克洛斯葬礼上的比赛，包括战车比赛、拳击、摔跤、赛跑、戎装持械比武、投掷重物、射箭及投掷标枪。

体育比赛是为了纪念死者，这一观点得到了大量比较人类学数据的支撑。世界上许多地方的前现代社会都会以竞技的方式决定已故君主的继承人，或以此为娱乐、抚慰逝者的灵魂，或借此在失去领袖后重新整合松散的群体。古希腊北部城市安菲波利斯每年都会举行葬礼竞技会，以纪念死于公元前422年，伯罗奔尼撒战争期间的斯巴达将军,被他们称为建城者的布拉西达斯。[5]古希腊另外两场重大竞技会——伊斯特摩斯竞技会和尼米亚竞技会——也与葬礼仪式有关。然而,没有确凿证据表明奥林匹亚竞技会是为纪念某位英雄而创立的。珀罗普斯似乎是唯一的选择,但是正如我们之前提到的,令他一战成名的战车比赛在后期才加入奥林匹亚竞技会,起初由赛跑项目组成的竞技会不大可能是为了纪念他而创立。虽然古希腊人知道葬礼和体育竞技之间有所关联,但我们无法证明他们把这种关联应用到了奥林匹亚竞技会中。奥林匹亚竞技会是对生命的肯定,而生命的活力不一定要在死亡的背景下才能激发。

因此,一些学者将目光投向了别处。世界上许多地方的成人仪式都需要受礼人大量消耗体力,这样的习俗在古希腊也不罕见。在奥林匹亚,为未婚少女举办的体育节(后文会详细介绍)就具有这样的性质。所以,奥林匹亚竞技会最初可能是男性的成人仪式。但这没有实际根据:无论是在古希腊作家关于竞技会的文字记载中,还是在与竞技会一同举行的宗教仪式中,都没有这方面的线索。[6]

还有一种推测,认为体育比赛由狩猎前、后的仪式演变而来。[7]在石器时代,猎人们为了取得预期中的狩猎成果,会聚集在一起举行某些仪式。祭祀和宴席既是在模仿一次成功狩猎后的情景,也是为了获得诸神的恩赐,希望以后的狩猎活动都能顺利进行。但动物被驯化后,狩猎对人类生存来说也就没那么必要了。根据这个理论,

竞技比赛获得发展,是因为人们把以前消耗在狩猎活动中的能量转投到了体育上。古代竞技会的某些项目看起来确实与狩猎有关——跑步、投掷石块（掷铁饼）或标枪、骑马——但石器时代的习俗早在首届奥林匹亚竞技会开幕前的几个世纪就已经消失,不太可能对竞技会产生很大影响。这个理论的另一个版本是,跑步是一场成功狩猎活动后的庆祝仪式的一部分,而史前时代的奥林匹亚是精英人士举行集会、猎杀野牛的热门地点。[8]

以上理论都是复杂的猜测。我个人的观点比较简单——奥林匹亚竞技会源于古希腊贵族与生俱来的竞争精神。鉴于他们有着"永远做最杰出的人,永远超越他人"的渴望（上一章提到的荷马式理想）,希腊人很可能一直在竭力寻找更多证明自己比他人优秀的方法,开始只是简单的赛跑,后来逐渐丰富起来。这是一种完全自然的欲望,儿童天生就有依靠身体力量战胜同龄人的渴望。谁能先跑到场地那一边？谁能把石头丢得最远？谁摔跤最厉害？当然,我的观点并不排除之前列举的任何一种复杂理论,但应该也可以自证成立。

只是还有一个问题,为什么偏偏是奥林匹亚成了竞技会的举办地？可能因为宙斯神谕所位于奥林匹亚。长期以来,人们向宙斯寻求军事方面的建议。战争的胜利者会回到奥林匹亚,奉献战利品,并以体育竞技的形式庆祝。本来这些比赛只是朋友或竞争对手之间自发的活动,目的在于消耗体力,后来逐渐演变得更有

青铜三足鼎很昂贵,因此适合作为希腊贵族献给奥林匹亚的供品,以纪念胜利并炫耀他们的地位。

组织，也更加正式。

考古证据

面对如此丰富的神话和传说，你很可能会同意公元前1世纪希腊地理学家斯特拉波的说法："人们应该忽略那些关于圣所建立和竞技会起源的古老故事……这些故事有太多版本，但没有任何一个值得相信。"[9]幸运的是，考古学证据提供了帮助，而这正是我们研究的基础。[10]

考古证据表明，大约公元前1400年，人类就已开始在奥林匹亚居住，但这个地方后来被抛弃并遗忘了。公元前11世纪末，奥林匹亚兴起了对宙斯和其他神祇的崇拜，吸引了访客的回归。那里一直是贵族的地盘，因为在那里发现的祭品由金属制成，在那个年代，只有富人才负担得起。奥林匹亚偏远的地理位置也吸引着贵族人士：通过在此地为神供奉贵重物品，他们得以展示自己的丰厚财力，也展示自己拥有离开故乡、长途跋涉的时间和方法。

考古发掘清晰地展现了奥林匹亚的发展进程：一开始只有来自附近伯罗奔尼撒半岛西部的人在此活动，尤其是伊利斯、美塞尼亚和阿卡迪亚的居民，少数人来自阿尔戈斯——当时伯罗奔尼撒最大的城邦。到公元前8世纪后期，斯巴达人也与此地建立了牢固联系，但还没有更遥远城邦的居民参与。那时没有人类在此永久定居的迹象，所以当时此地很可能只是偶尔被用于集会，或许也已开始定期举办节日活动了。

我们虽然无法确定，但有理由认为在这个阶段，奥林匹亚的宙斯崇拜仪式（如果此时宙斯在当地人心中已成为至高无上的主神的话），除祭祀和供奉外已经包括了体育竞技。青铜三脚架在这早期的几十年间已经成为常见的奉献品（有的三脚架非常大，价值相当于12头强壮的公牛）。在荷马的《伊利亚特》中，青铜三脚架有时被当作体育竞赛的奖品，不过也有其他用途。到公元前8世纪末或公元前7世纪初，人们已经开始在奥林匹亚挖掘水井。阿尔提斯的一片区域被推平，成了最初的体育场，而俯瞰它的克洛诺斯山则被整修成阶梯状，大概是为了方便观众观看比赛。整个阿尔提斯看起来像一家剧院。此外，经过一项重大工程建设，哥罗底亚斯河永久性改道，绕开了阿尔提斯。因此我们有把握说，宗教节日里的体育竞技在公元前7世纪初就已经存在了。人们肯定是在有了充分需求的情况下才开始大型工程建设，所以我们有理由把竞技会开始的时间再向前推几十年。

因此，关于奥林匹亚竞技会开始的时间，希庇亚和希腊传说中的说法出人意料地准确。真实的发展历程有可能是：公元前8世纪后期，某种最开始由简单的跑步比赛组成的体育活动出现在定期于奥林匹亚举行的宗教节日中；公元前7世纪后期，这里修建起宗教建筑和纪念性建筑，并在之后的几个世纪里发展壮大；公元前7世纪初，伯罗奔尼撒半岛以外，尤其是大希腊地区的观众和运动员来到了奥林匹亚；最终，希腊和罗马世界各个角落的人都赶来这里。意料之中的是，来自伯罗奔尼撒和希腊大陆其他地区的

这尊公元前7世纪的青铜狮鹫头像,原本是三脚架上的装饰。这些青铜器物的巨大、昂贵和华丽由此可见一斑。

运动员人数占据了主导地位。不过，只要是有希腊人定居的地方，如埃及和北非、叙利亚、小亚细亚和西西里岛，都会有运动员来到奥林匹亚参加竞技会。

竞争精神

属于富人及战士精英阶层的希腊人发明了竞技体育，但他们为什么要这么做？参加国际体育竞技似乎只是贵族彰显自己与众不同的诸多策略之一。贵族阶层生活悠闲，不必为谋生而工作，而是靠别人的劳动为生。他们清楚地表明自己与低贱、愚昧的人不一样。在荷马的《奥德赛》中，当奥德修斯拒绝参加体育竞赛时，邀请他的那个人便嘲笑道："是的，我看你不像个谙熟竞技的汉子，你看起来更像个商人，只关心盈利。"[11]

古风时期（约公元前750—前480年）的贵族阶层，拥有最肥沃的耕地或牧场，掌握最佳的对外贸易渠道。公元前8世纪，希腊城邦合并或重新合并后，贵族成员开始对自己城邦的治理和防御负起责任。他们的权威不仅来自手中掌握的经济和军事力量，还来自他们在当地宗教信仰中的领导地位，以及象征性策略——诸如捐赠大笔财产。

在古风时期，我们所知的所有城邦都由这样的贵族小团体统治。他们通常只在内部通婚，或迎娶外邦贵族的女儿，以免财富和权力流失到地位较低的家庭。但贵族阶层也不是完全封闭的，某些家庭的经济来源难以维系，或者没有男性继承人。贵族在土地所有权或贸易上没有绝对的垄断地位，外来者可以创造新的财富，跻身他们的阶层。一个人的社会地位从来不取决于先天条件，而是可以靠努力和功绩获得。体育成就可以提升个人声誉，这是人们越来越看重竞技运动的原因之一。甚至有人仅仅因为获得了奥林匹亚竞技会的冠军，就认为自己有资格统治他的城邦，这种想法对当时的人来说不足为奇。

无论来自地中海世界何处，希腊精英阶层都采用一种非同寻常的生活方式，强调自己相较于他人的优越性，从而加深自己统治地位的正当性。他们为自己创造了很长的家族谱系，可以追溯到古老的神祇和英雄，而且还沉溺于炫耀财富。即便在公民防卫已不再是个人的责任，而成为城邦的责任，个人纠纷也不再由复仇解决，而要通过法院解决之后，他们仍在公开场合携带武器。此外，他们还以狩猎、运动、宴饮和出国旅行的方式彰显自己的与众不同，因为这些活动都需要闲暇时间和大量金钱。他们开始穿着东方风格的、由昂贵材料制成的长而飘逸的服装，这种服装不像通常那样由家庭妇女缝制，而是进口来的。他们留长发、精心打理发型，佩戴黄金珠宝、喷香水，花费大量闲暇时间享受美酒、歌唱，似乎是在强调自己不必工作。

奥林匹亚竞技会这样的国际节日，是贵族阶级团结一致的庆祝活动，也是精英展示自我、相互竞争的场合。只有贵族才能负担得起这样的体育锻炼，将自己和儿子训练成有竞争力的运动员。只有他们有能力抽出时间训练、参加体育比赛：奥林匹亚竞技会的参赛者必须发誓自己在过去10个月里一直都在接受训练,并且要在竞技会开始前在奥林匹亚官员的眼皮底下再训练整整一个月。也只有他们才有能力负担起用于比赛和战争,而非用于拉车或运输的马匹。柏拉图也同意:"如果一个人致力于在德尔斐或奥林匹亚夺冠,将会忙得不可开交,无暇顾及其他活动。"[12]

不太富裕的竞争者参加比赛的唯一途径是由富人或城邦资助。例如,公元前480年、前472年,阿尔戈斯人利用他们的公共资源参加了久负盛名的驷马战车比赛,击败了所有个人参赛的贵族选手。雅典的"泛雅典娜节",从公元前6世纪的第二个25年开始,每四年举办一次,这项竞技会吸引了大量当地运动员——其中有些人并不富裕,肯定受到了私人赞助者的资助。

不太富裕的运动员也会参加奥林匹亚竞技会,其实有据可循:亚里士多德在约公元前330年记录了一首关于一位奥林匹亚竞技会胜利者(我们不知道他的名字)的短诗:"从前,我的肩头扛着粗糙的扁担,把鱼从阿尔戈斯运到忒该亚。"还有一则来自以弗所的铭文,可追溯到大约公元前300年,记录了城邦对一位有前途的年轻运动员雅典诺多洛斯的间接赞助。之所以被称为"间接",是因为城邦行政机构的提议是授予那些资助他训练的人以公民身份。几十年后,来自托勒密埃及的一张莎草纸上保留了一封信件,其中也讨论了对一名运动员的私人赞助。[13]此类证据稀少,但这种做法在之后的几年里肯定有所增加。在奥林匹亚竞技会悠久的历史中,来自社会底层的人士逐渐开始参加比赛,但人数依然很少,

驷马战车比赛是古代奥林匹亚竞技会中最惊险刺激的项目。

奥林匹亚的文化仍然是精英阶层文化。

马术比赛当然由富人垄断。希腊缺少肥沃的生产用地，一匹马吃的大麦和五六口之家吃的一样多。因此，拥有马匹是社会地位的标志，就像今天拥有法拉利一样。许多希腊上流社会的人名都包含"Hippos"一词，即希腊语中的"马"，如希庇亚（Hippias）、希波斯提尼（Hipposthenes）、卡利波斯（Callippus）、菲利普斯（Philippus）。比较贫穷的运动员，即便可以在本地竞技会上借田径比赛中的优异表现而声名大振，成功闯进国际比赛，也仍会被排除在马术比赛之外。公元前5世纪末，雅典的超级富豪、超级傲慢的亚西比德的儿子声称，父亲拒绝参加马术以外的任何比赛，"因为他知道一些田径运动员出身低下，来自小城邦，没有文化教养"。[14]

特别是在古风时期，希腊精英热衷于将自己与下层社会隔离开来，只跟同阶层的人交往。他们见面时总是相互竞争。例如在被称为"会饮"的饮酒聚会上，他们喝酒和唱歌的同时，会相互比较谁喝得多、谁创作了更灵动的诗歌。他们还玩竞技性游戏，例如把杯中残渣弹掷到某个目标物体上，或者参加公共音乐比赛。公元前5世纪初，戏剧在雅典出现后，剧作家也会举行戏剧比赛。一些伟大的戏剧，例如埃斯库罗斯的《奥瑞斯提亚》三部曲、索福克勒斯的《俄狄浦斯王》、欧里庇得斯的《希波吕托斯》，其创作目的也不仅是娱乐观众，还为了赢得奖项。医生通过公开辩论相互竞争，演员因表演而获奖，陶艺家向同行吹嘘自己更高超的技艺。有些城市还举办雕塑比赛。在希腊世界,各地都有针对男孩、女孩或成年男性的选美比赛。雅典的色诺芬记录了苏格拉底的一段话,概括了希腊人对竞争的态度:

"告诉我,查密迪斯,"苏格拉底说,"如果有一个人,能够在重大体育竞赛中夺取冠冕,使自己获得荣誉,使自己的出生地在希腊更光荣,他却拒绝参加比赛,您认为他是什么样的人呢?"

"很明显,我认为他是个胆小鬼,是个懦夫。"[15]

似乎没有其他任何一个古代社会如此重视竞争,以至于需要发展体育竞技。至少在希腊化时期(公元前323—前30年)受希腊习俗影响以前,古代近东地区几乎没有举办体育竞技的迹象。古王国时期的埃及倒是在公元前3000年就有了许多关于摔跤和持棍格斗的图像,但埃及人似乎将其用于军事训练,没有迹象表明他们从中发展出了体育比赛。在希腊附近,有两幅出自爱琴海南部的锡拉岛(现圣托里尼岛,当时在文化上属于克里特岛人)的图像描绘了拳击手的形象。其中一个来自一幅被大规模修复过的壁画,可追溯到公元前1600年;另一个来自一只约于前者的年份50年后制作的杯子,被称为"拳击手雷顿",描绘了年轻人拳击、摔跤和跳牛的场景。但跳牛不大可能是一项竞技运动,很可能是成人仪式中的勇气测试,所以拳击和摔跤在克里特岛和锡拉岛的米

下页图
宙斯神庙东面的山形墙。中间的是宙斯,珀罗普斯和俄诺玛俄斯站在宙斯两旁,在他的监督下进行战车比赛前的宣誓。

起源　53

诺斯文化中可能也不是体育竞技,而是成年仪式的一部分。

古希腊并非一块单一的土地。在古典时期(公元前479—前323年),古希腊有一千多个大大小小的自治城邦,遍布地中海和黑海地区,但它们很少联合起来。即使在公元前5世纪初波斯入侵希腊时,也只有31个城邦联合抗敌,而其他城邦或是站在波斯一边(自愿或被迫),或是保持中立。个体之间的竞争也反映了城邦之间的竞争。相邻城邦会争夺土地和统治权。通常来说,贵族代表了城邦,所以在国际事务和战争中,精英们也认为自己是在与同类人竞争。他们的竞争精神是被认可的:在民主城邦中,个人可使用的权力更大,城邦鼓励精英成员把暴力和敌意输送到体育竞技中,以防这种力量以任何形式扰乱社会。体育竞赛的出现,以及随后比赛场所的建立,是希腊精英竞争精神发展的自然产物。

******

古希腊的体育与社会

奥林匹亚竞技会是古希腊最古老、最盛大的体育竞技节日。到公元前6世纪第二个25年，希腊已经出现了另外四大体育节，分别在德尔斐、尼米亚、科林斯和雅典。其他地方也会举办许多地方性竞技会，有些还吸引了外国选手，但真正的国际性竞技会只有这五个——直到公元前3世纪。自那时起，希腊世界（由于亚历山大大帝的东征得到了极大的拓展）的各个城市，开始呈现出一种持久的趋势，即为各自本土的竞技会争取国际地位。例如公元前279年，埃及国王托勒密二世派遣使节前往希腊各地，要求人们认可他为纪念先父而创立的新竞技会"托勒米亚"，希望其与奥林匹亚竞技会获得相等的地位。举办这类竞技会能让人名利双收。到罗马人成为地中海霸主时（公元前2世纪中期），希腊世界已经到处举办大型竞技会。

第二古老的国际性节日在德尔斐举行，被称为皮提亚竞技会（"Python"可能是德尔斐地区的旧称）。皮提亚竞技会始于公元前650年左右，围绕对阿波罗的崇拜进行。由于音乐是阿波罗掌管的领域之一，所以这个节日最初着重于音乐比赛。公元前6世纪初（前586年），竞技会经历了重大变革，开始像奥林匹亚一样定期举行体育比赛。公元前580年，以崇拜波塞冬为主的伊斯特摩斯竞技会在科林斯附近的伊斯特摩斯（意为地峡，因此也称地峡竞技会）创立；公元前573年，敬奉宙斯的尼米亚竞技会在尼米亚附近创立；公元前566年，雅典开始为雅典娜举行泛雅典娜节。其他竞技会也多在这段时间内创立——例如西锡安的皮提亚竞技会——

不过只有前四场竞技会加入了奥林匹亚竞技会的行列，成为最重要、最受欢迎的节日。

公元前6世纪初，希腊人对体育运动的追求从小众变为主流。这五场竞技会迅速成为真正的国际性节日，吸引了来自希腊世界各地的参赛者。那时奥林匹亚竞技会刚刚开始国际化，而其他四场竞技会的创立极大地加快了这一进程。很快，五场竞技会成为希腊贵族的生活及生活方式的中心。古风时期的希腊还是个人烟稀少的小地方，但已经能为五场盛大的体育竞技会提供支持，这既体现了希腊贵族的竞争精神，也说明次级精英群体（社会结构中的次级富裕阶层，主要由富农、商人、手工业者组成）也已开始参加体育运动。体育上的成功是一个人提升社会阶级的可靠途径。

竞技会联盟

在五大竞技会中，有四场经过了认真协调，形成了正式的节日联盟。出于未知原因，泛雅典娜节被排除在外。*对这四场竞技会来说，在四年周期（一个奥林匹克周期）里，奥林匹亚竞技会在第一年的7月或8月举办；德尔斐的皮提亚竞技会在第三年的7月或8月举办；尼米亚（有时在阿尔戈斯）的竞技会在第二年和第

---

* 可能是因为泛雅典娜节与雅典城邦的关系过于紧密，无法完全保持中立——不过这个理论也很容易被推翻，毕竟所有竞技会都由某个希腊城邦主办，也会造成某些政治影响。我们之后会探讨奥林匹亚的例子。

四年的8月举办；科林斯附近的伊斯特摩斯竞技会则在第二年和第四年的4月举办。

  德尔斐的皮提亚竞技会被认为是奥林匹亚竞技会之后最负盛名的竞技会。它与奥林匹亚竞技会同样在7月或8月举行，实际上是两次奥林匹亚竞技会之间的补充。不过，竞技会的声望并不代表一切。随着时间的推移，伊斯特摩斯竞技会因在地理位置上更具优势，逐渐获得了可与奥林匹亚竞技会抗衡的人气，直到成为"亚洲与希腊的交会地"[1]。公元前196年，罗马将军提图斯·昆克修斯·弗拉米尼努斯希望自己在宣布希腊政权更迭的消息时能获得尽可能多的观众，于是选择了伊斯特摩斯竞技会作为发布公告的场合。

  这些竞技会的体育项目与奥林匹亚竞技会上的相差无几。在任何一场竞技会上获胜都能给运动员带来极大的声望和自豪感——所以想象一下，如果一个人在单个奥林匹克周期中的四场竞技会上都获得冠军，更有甚者，在六场竞技会中都夺冠（在尼米亚竞技会和伊斯特摩斯竞技会上分别夺冠两次），那会是什么感觉。这样的人被称为"大满贯得主"。对一位在世的运动员来说，没有比这更高的荣誉了，这就相当于如今网球比赛中的四大满贯得主。公元前27年，罗马皇帝奥古斯都把阿克提亚竞技会（位于希腊西北海岸安布拉基亚海湾口，出于对阿波罗的崇拜而长期举办的竞技会。后来奥古斯都将其升级，以纪念公元前31年自己取得了阿克提姆海战的最终胜利）也加入节日联盟后，获得"大满贯"变得更加艰难。阿克提亚竞技会每四年举行一次,时间是每个奥林匹克周期第二年的9月。

第72个奥林匹克周期:

奥林匹克周期及年份	地点	时间
72.1	奥林匹亚	公元前492年7月或8月
72.2	尼米亚	公元前491年8月或9月
	伊斯特摩斯	公元前490年4月或5月
72.3	德尔斐	公元前490年7月或8月
72.4	尼米亚	公元前489年8月或9月
	伊斯特摩斯	公元前488年4月或5月
73.1	奥林匹亚	公元前488年7月或8月

为保持比赛的神圣性,参赛者不会获得贵重物品作为奖品,奖品是树叶编织成的冠冕,因此这些竞技会被称为"冠冕竞技会"。阿克提亚竞技会加入联盟后也开始遵循这一传统。在奥林匹亚,冠冕由橄榄枝叶编成,需要由一位父母健在(这在当时十分罕见,所以被认为是受到了幸运女神的眷顾)的男孩,用金色小刀从阿尔提斯一棵神圣的橄榄树上割下枝条制成。在德尔斐,冠冕用月桂枝叶编成;在尼米亚,用野生欧芹(较柔韧,易弯曲)编成;而在伊斯特摩斯,人们会在不同时期选用松枝或野生欧芹。

历史学家希罗多德描述了来自阿卡迪亚的几个希腊人与一名波斯贵族（波斯文化中没有运动传统）之间的一段对话。这位波斯人问阿卡迪亚人，希腊正在干什么（公元前480年的夏天），他们回答说，希腊在举办奥林匹亚竞技会，人们在观看运动比赛和赛马。于是，波斯人接着问，获胜的奖赏通常是什么，他们回答说是橄榄花环。这个波斯人对他的司令官说："玛尔多纽斯，您率领我们前来对战的是一群什么人啊！他们相互竞争是为了荣誉，而不是金钱！"[2] 希罗多德在这里让荣誉和金钱之间形成的对立太明显了，毕竟这些竞技会上的任何一位胜利者肯定都会在物质上获得收益。希腊语中"运动员"（athlētēs）一词就透露了这一点，其字面意义就是"为奖品（athlon）而竞争的人"。对大部分已经足够富有的参赛者而言，金钱可能确实没有荣誉重要，但还是让他们的体育事业提高了价值。

除了无形的荣誉，胜利者还可以期待从自己的城邦那里获得实在的奖赏。除了慷慨的奖金外，他可能被允许终身在城邦免费用餐，或者被免除某些赋税，甚至还可能获得高级政治职务或军事指挥职务。在斯巴达，由于其特殊的军事化体制，奥林匹亚竞技会冠军会被赋予在战争中与国王（斯巴达有两个国王）并肩作战的特权，并担任国王的侍卫。罗马时期的地中海世界和更遥远的东方，都在举行各种竞技会，奥林匹亚竞技会的冠军可以在这些竞技会上收取巨额出场费。

这些奖赏的价值已经非常可观，但希腊世界各地的地方性竞技会还会给予胜利者更多。奖赏的高额价值意味着它们会受到批判。公元前5世纪初，科洛丰的诗人色诺芬尼列举了一名获胜的运动员能获得的典型奖赏，然后说："但他还没我值得获得这些东西。我的智慧比人或马的力气更重要。这种习俗毫无道理，不应该把力量置于比智慧更高的地位。"[3]一些杰出的知识分子，例如雅典的苏格拉底和伊索克拉底，也提出过相似的言论。这在希腊文学中司空见惯。苏格拉底在公元前399年受审时就曾说，对他所谓不敬神指控的适当惩罚，应该是让他在雅典公共食堂终身公费用餐。这是给竞技会联盟的冠军的典型奖励，苏格拉底辩称，自己的工作远比运动员对这座城市更有价值：

对一个于这座城市有恩、需要闲暇时间激励你们的穷人来说，最适合的是什么呢？雅典公民们，没有什么比让他在公共食堂*免费用餐更适合了。这对他而言最适合，远适合于给你们当中在奥林匹亚竞技会上赢得赛马、战车比赛的人，因为那些人使你们表面上快乐，而我使你们真正快乐。他们根本不缺食物来维持生活，而我需要。[4]

但陪审团不同意他的说法，最终给他判了死刑。

有时，胜利者会掌握主动权，争取他自认为应得的回报。公元前636年，一位曾在之前的奥林匹亚竞技会上夺冠的雅典贵族

---

* Prytaneum，公费接待有功将领、体育健将和国宾的食堂。——译者注

下页图
体育场俯瞰图。侧面的斜坡可容纳40000人。赛马场在场地右边某处。

库隆，试图使自己成为雅典唯一的统治者。他在奥林匹亚竞技会举办之际发动政变，因为他知道其他贵族和竞争对手此时都离开了雅典，去参加竞技会了。但他们回来后就终结了库隆的努力。[5] 220年后，声名狼藉的亚西比德也被怀疑妄图发动政变。公元前416年的奥林匹亚竞技会上，他取得了令人瞩目的成绩，这不仅因为他在驷马战车比赛中史无前例地以七辆战车参赛，而且其中四辆还获得了第一、第二、第四、第七名的成绩，还因为那时雅典正与斯巴达进行战争，他在比赛中的表现结束了斯巴达人在这个久负盛名的项目中的长期胜利，给城邦带来了荣誉。回到雅典后，他委托剧作家欧里庇得斯撰写庆祝颂诗，还让著名画家给自己的胜利增光添彩。驾驭28匹马（实际上是24匹，有一队是借来的）确实是一种王者姿态，雅典人有理由警惕亚西比德的野心。没过三年，亚西比德便为了逃避审判而逃离了雅典。

公元前6世纪的大部分时间里，以奥林匹亚竞技会的胜利积累个人荣耀，是希腊贵族生活中非常有影响力的方面。在奥林匹亚竖立雕像以纪念个人胜利，就体现出了这一点（见第25页）。这种做法始于几大冠冕竞技会的联盟制度建立之初。公元前6世纪末，城邦开始在奥林匹亚修建"国库"（位于克洛诺斯山脚的特殊平台上），以存放敬奉至此的祭品，这可能表明城邦试图抑制个体自豪感，强调整体的荣耀。

运动员主动去参加比赛，并非由城邦选拔，通常也不由城邦资助。实际上，运动员与同胞的竞争和与其他人的竞争一样激烈。

但是从公元前6世纪末开始，运动员似乎在某种程度上被认为是代表城邦参赛。运动员在竞技会上会被介绍名字和城邦——通常是运动员的出生地，不过确实也有运动员会被其他城邦雇用。尽管国库以城邦之名建造，但个人功绩仍可以通过委托雕塑家建造胜利雕像来庆祝。品达和凯阿岛的西蒙尼德斯这样的诗人，会出席所有竞技会联盟中的赛事，为获胜者创作颂诗。品达认为，比起竖立死气沉沉的雕像，用颂歌来纪念胜利的方式要好得多。[6]这些诗人大概会在赛后主动与胜利者接触，或等对方来找自己。估计雕塑家们也是这样做的。

体育馆

到公元前6世纪中叶，人们为体育活动投入了更多热情与精力。无论谁想赢得荣耀，都必须更加专业地训练和备赛。每个城邦至少会有一座体育馆和一座角力场（palaistra，角力场有时是和体育馆连在一起的），供男性锻炼、保持健康。随着时间的推移，体育变成了希腊身份认同的一个基本要素。一座城市是否有体育馆，意味着它是否是一座希腊城市。公元前2世纪，弗里吉亚的小镇提瑞昂（位于小亚细亚）想提升城市地位，便向国王请示，不仅要自主制定法律、自治管理，还要建造一座体育馆。[7]同一世纪，巴勒斯坦的犹太人在马加比家族的领导下起义（起义始于公

下页图
体育馆内角力场的一侧。奥林匹亚的参赛选手在这里训练、做赛前准备、洗澡、社交以及睡觉。

元前167年,最终促成第一个犹太国家的建立),反抗塞琉古王朝的统治,以抵制改革派犹太人抛弃自身信仰的希腊化倾向——而希腊化的标志之一,就是要在耶路撒冷建一座体育馆。[8]在托勒密时期埃及的官方文件中,用以指代希腊人的一种表述方式就是"体育馆里的人"。

体育馆文化遍布整个希腊世界。体育馆是男性裸体锻炼的场所——"体育馆"(γυμνάσιον)一词的原意就是"裸体锻炼的地方"——但也会作其他用途,包括休闲娱乐、朋友聚会以及给男孩上体育和军事训练课。体育馆的建造费用算在公共开支里(通常包括富裕公民的捐赠),由城邦委任或公民自愿产生的人选负责场馆的日常维护和保养(这项工作需要耗费大量金钱,尤其在供油、供暖和持续供水上花费巨大,但仍有公民自愿承担,因为这项工作能为其带来声望)。体育馆通常修建在城镇边缘,因为那里有足够的空间、平坦的地面和邻近的水源。然而,独立的角力场——如果不与体育馆相连——则一般归私人所有。

公元前5世纪或前4世纪,一座体育馆的基本配置包括:两条跑道,一条在室内,一条在室外,人们在此进行所有的田径项目锻炼;角力场,一块位于庭院中的矩形场地,用于练习格斗项目;庭院有柱廊环绕,可为人们提供荫蔽、座位,并通向不同房间,包括会议室、有热水和冷水的浴室以及运动员用来更衣、热身、涂油、清洁的房间。奥林匹亚的体育馆有19个这样的房间,换句话说,体育馆是非常大型的建筑,通常还是城镇内最宏伟的建筑。

体育馆会消耗大量橄榄油,一方面是用于点火照明,但主要是供运动员在锻炼前涂抹全身。锻炼后,运动员会用海绵洗澡,但在那之前,他们会先用一块被称为刮身板的弧形刮刀刮下身上的油脂、汗水和灰尘,刮身板上带有收集油垢的脏油槽(奇怪的是,这些脏油被坚称具有药用价值)。刮身板和油瓶的组合是运动员的标志性装备。他们往身上涂油,一是作为运动前的按摩(就像今天我们会在运动前拉伸肌肉一样);二是为皮肤保湿。但往身体上涂油,也不仅仅只是为了这些有限的实用功能。对摔跤手来说,涂油也不是为了让自己的身体变得光滑而让对手难以抓住,涂油之后,摔跤手们必须往身上撒土,以便对手抓住自己:他们会站在地上,把土撒向空中,这样土就可以更均匀地覆盖在身体上。

运动员往身上涂油,主要是为了把健美而有光泽的身体展现给伙伴和仰慕者看。运动员在体育运动中调整身体肤色的意义,是古希腊文学中不变的主题。品达经常在颂歌中赞美年轻冠军的美丽。对一位名为伊法莫斯特的冠军,他歌颂道:"他所过之处,人们大声欢呼,他那崇高的成就,正如他的外表一样年轻而高贵!"几个世纪后,公元1世纪的希腊演说家狄奥·克里索斯托,曾这样描述来自卡利亚的拳击手梅兰科马斯:"不管有多少男孩和男人正在运动,梅兰科马斯脱掉衣服时,没有人会再看其他人一眼。"[9]梅兰科马斯是一位技巧纯熟的防守型拳击手,对手难以击倒他,他因而能在比赛中保持帅气的外表。

雅典哲学家柏拉图偶尔会设想老师苏格拉底坐在角力场边的柱廊下与人开展对话的场景。*例如,《卡尔米德篇》就发生在雅典的陶鲁斯角力场。苏格拉底把年轻的卡尔米德叫过来,因为他想了解雅典那些(心灵和外表都很)美丽的青年。卡尔米德的到来,引起了"一阵喧闹,因为每个坐着的人都开始推挤旁边的人,希望留出空间,让卡尔米德坐在自己边上,挤得坐在一端的人只好站起来,另一端的甚至被挤到了地上"。然后"角力场里所有的人一拥而上",享受聆听苏格拉底与这个青年对话的乐趣。[10]

除了用来锻炼,体育馆和角力场还是休闲娱乐的场所(朋友聚会、听哲学家演讲,或欣赏荷马史诗的朗诵会),也是同性之间社交或发展恋情的场所。人们不仅在这里舒展身体,还能放松心灵和头脑。体育馆的守护神是赫拉克勒斯(力量)、厄洛斯(情欲)和赫尔墨斯(智慧),他们的雕像为庭院和走廊增添了魅力。公元前6世纪的墨伽拉诗人塞奥格尼斯唱道:"快乐的恋人,在体育馆里运动后,回家与一位美丽的少年在床榻上共度剩余的时光。"[11]柏拉图认为,体育馆里的身体接触会促使一位少年回应对年长者的爱。[12]

不过,许多体育馆会注意把年纪最小的男孩与成年男性隔开,以尽量减少未成年人与同性恋者接触的机会。在希腊精英阶层中,短暂的、近乎仪式化的同性恋关系普遍存在,其中年轻、被动的

---

* 柏拉图创立的学校就是以雅典的阿加德米体育馆命名的,柏拉图曾在这座体育馆里进行了很多教学工作。

一方是处于青春期和长胡须年龄之间的青少年。在有些城邦，法律禁止向这样的青少年求欢。[13]男孩子们从7岁就开始出现在体育馆里，主要是因为他们要在那里接受教育。他们的体育课在"教练"（paidotribēs）的监督下进行。这里的"体育课"，不仅是为了让男孩们练习常规的体育项目，还意在培养勇气、塑造形体之美。

体育馆主要是贵族男孩和闲暇时间充裕的阶层的男性经常出入的场所，其他人都忙着工作，无暇锻炼。公元前5世纪末的雅典，一本反民主宣传册的匿名作者曾指责雅典的普通民众嫉妒那些能使用体育馆的人，"因为他们知道自己没有能力负担参与这些活动的费用"。[14]*一条可追溯至公元前6世纪早期、被认为是雅典立法者梭伦制定的法令规定，禁止奴隶在体育馆中锻炼或裸露身体，目的是防止奴隶和自由人少年之间产生性吸引。[15]一则来自公元前2世纪初马其顿贝洛亚的很长的铭文，则详细记载了体育馆的复杂规定——什么人可以进入、什么人可以锻炼、体育馆员工的职责、不当行为的罚款标准，等等。商人、娼妓、奴隶和已获得自由的奴隶，都被自负的精英阶层排除在外；疯子、同性恋者、酒鬼和残疾人也不被接受。[16]

训练

体育训练中，内在的紧张感要求运动员不断自我提高，但这

---

* 这篇政论的作者已不可考，传统上归于色诺芬名下，但确认不是色诺芬所作，因此称其作者为"伪色诺芬"。——译者注

带来了一些矛盾。贵族原本应该能够凭借继承的品质维持自己的社会地位，而且这种说法也应该适用于他的运动才能。通过训练来提升能力显然与这种理念矛盾。我们在这里看到了业余和专业之间的对立，即便是现在，这种对立也困扰着现代奥运会。而在古代竞技会中，这种对立在马术比赛中尤为明显，因为马主人基本不会亲自骑马或驾驭战车，而是会让受过训练的奴隶替自己上场。为了维持这些业余者的优秀假象，树立他们的罗马式英雄形象，让富有的马主人受益，这些训练有素的奴隶在人们称赞马术比赛的胜利者时始终受到忽视。

从某个时候开始，参赛者在奥林匹亚宣誓时，须保证自己已经过10个月的刻苦训练。这主要是为了确保运动员尽可能健康且熟练，从而在最大限度上呈现最精彩的比赛。竞技会对运动员的要求是比赛时能达到最高的体能水平，随之而来的就是要遵循严格的训练制度，这导致了专业教练的出现。他们通常是退役运动员，其中最成功的那些人名利双收。奥林匹亚还有几尊教练的雕像。来自雅典的梅勒西亚斯专门训练男孩，在公元前5世纪早期，他至少培养出了30名冠军。[17]

教练员要么在体育馆外工作，要么担任私人教练。他们会教授某些项目的技巧、为学员治伤，并确保学员的整体健康。尽管他们曾写下很多训练指南，但传授的技巧大部分已经遗失，只有某些养生方法留了下来：充分休息、按摩以及大量进食（运动员的肉食摄入量远比普通希腊人多）。不过，据说公元前668年那届奥林匹亚竞技会的短跑冠军、斯巴达的卡尔米斯只吃无花果,但这件事可能性不大。有些教练建议运动员在训练期间禁欲以保存体能,这种说法流传了很长时间。底比斯的运动员克雷托马库斯一听到有人提起性就会走开,也不能忍受看到狗在公共场合交配。[18]

我们现在能听到有些教练会在赛场外大声指导。[19]卡里斯图斯的格劳库斯天生力气大,有一天,他在自家农场上徒手拍打一只变形的犁头,使其恢复了原状。公元前520年,父亲带他去参加奥林匹亚竞技会。尽管格劳库斯缺乏比赛经验,但还是成功闯进了拳击决赛。那时,他已经身受重伤,所有人都觉得他要放弃了,可他的父亲喊道:"儿子!像打那只犁头一样打他!"有时候,场外指导也可以是心理上的激励,用以鼓舞参赛者的士气。一位疲惫的拳击运动员的教练对他说,他心爱的姑娘只会嫁给奥林匹亚竞技会的冠军。有了这条信息,运动员受到适当的鼓舞,战胜了卫冕冠军——遗憾的是,他的教练撒谎了,而他也没能抱得美人归。另一位教练告诉筋疲力尽的运动员,就算他死在奥林匹亚,也能获得永恒的名望。于是这位运动员坚持了下去,一语成谶,不幸身亡。

菲洛斯特拉图斯于公元3世纪撰写了《论体育训练》(On Athletic Exercise),介绍了当时流行的一种四天周期训练法。第一天用来"准备",进行简短、剧烈的训练——可能是某种金字塔训

下页图
体育馆非常大,室内和室外都有全长跑道,供人们练习和进行友谊赛。

练法。第二天是"集中精力",让运动员竭尽全力地投入训练,目的是让他筋疲力尽。第三天是"放松",从前一天的消耗中恢复过来。第四天是"适度锻炼",运动员进行专项技巧练习:摔跤手会配对实战,甚至练习泥地摔跤,培养自己面对棘手的对手也能胜出的能力;拳击手练习空击、对打或打沙袋;跑步运动员练习起跑。接下来,重新循环这个四天的周期。菲洛斯特拉图斯反对这种僵化的训练制度,认为没有考虑到运动员的个性差异,但这种训练结合了低强度和高强度练习,与今天的间歇训练法有些相似之处。

交叉训练不大常见,运动员通常只重复练习一个项目,甚至是以极端的方式。比如,北非巴尔斯的阿美西纳斯是公元前460年奥林匹亚竞技会摔跤比赛的冠军,据说他的训练方法是跟公牛摔跤。听闻来自西西里纳克索斯的拳击手特伊桑德,通过长距离游泳来保持健康。公元2世纪的医生盖伦(其医学见解和理论为其身后1500年里大部分时间的医学实践奠定了基础)推荐了球类运动(虽然各大竞技会并没有球类项目)和轻量级举重。摔跤手可能练习一些轻量级拳击,以保持肌肉放松。为了保持整体健康,运动员会日常进行打猎等户外活动。[20]

斯多葛学派哲学家爱比克泰德在公元1世纪末总结了每个运动员都知道的事情:

你说,"我希望赢得奥林匹亚竞技会的胜利",但你要考虑这种想法的后果……你必须严守纪律,遵循苛刻的食谱,戒绝甜食,不分酷暑严寒地在固定时间强制训练。你不能随时喝冷水或饮酒,你必须将自己完全托付给教练,就像面对医生一样。[21]

裸体

在包括奥林匹亚在内的许多竞技会上,运动员会裸体参加田径比赛和重型竞技项目(拳击、摔跤、古希腊式搏击),在体育馆训练时也赤身裸体。马术项目的骑手通常会穿衣服,但不是为了遮羞或舒适,而是因为马术项目的训练无法让他们获得值得炫耀的美好身材。可能还有另一个原因:在马鞍和马镫出现以前,骑马是一件危险且非常难受的事,所以参赛马匹的贵族主人并不会亲自骑马,而是让奴隶代替自己——但在希腊人的观念中,没有人想看奴隶裸体。战车比赛也伴随危险,所以情况与赛马类似。

裸体是希腊体育独有的特征。即使在希腊世界,也只在竞技中才出现,而在其他场合,公开裸体带来的是耻辱,而不是骄傲。那么,为什么希腊人会采用这种做法呢?最初,运动员们缠着腰布,但我们可以从一个彩绘陶瓶上得到明确的证据:公元前7世纪中期,缠腰布就被弃用了。希腊人为解释裸体竞技的原因而讲述了一些故事,这些故事显然只是他们的猜测。例如,有两个人提到了赛跑运动员缠腰布意外脱落的情况。其中一个版本里,[22] 这位运动员发现没了缠腰布,自己能跑得更快,但在另一个版本中,他被掉落的缠腰布绊倒摔死了，于是奥林匹亚官员颁布法令，规定此后所有运动员必须全裸参赛。总体而言，罗马人比希腊人更正经保守，所以从他们公元前2世纪开始统治希腊后，裸体参加奥林匹亚竞技会的传统大概就难以延续了，因为罗马运动员会缠上腰布。

现存的陶瓶和文字记载（虽然是好几个世纪后的人写的）显示，有些运动员会用一根细绳将生殖器反向绑起。希腊语中，kuōn（狗）是许多代表"阴茎"的俚语单词之一，所以希腊人把捆绑的绳子称为kunodesmion，即拴狗绳。把生殖器绑起来的做法原因不明，学者普遍认为这样做可以减轻裸体运动时的不适感，但这种解释充其量算是有待考据。如果为了舒适，只固定住生殖器也不算什么好办法。

此外，我们无法完全确定运动员确实会固定住生殖器去参加比赛。谁愿意在腰间系紧一根皮绳去跑步呢？摔跤手身上如果缠着细绳，可能会给对手机会绑住自己的手，谁会这样做？这种做法（并非只有运动员会这么做）可能是禁欲的标志，或者向仰慕者表示不欢迎求欢。也许，裸体的目的之一是展示个人的自控力——即使自己被美丽的胴体包围，也可以不激发性欲。

裸体竞技的主要目的是展示运动员肌肉发达的俊美身体，涂了橄榄油之后的肌肤充满光泽。用公元前5世纪雅典的一句话来

赛后，运动员会用一块刮身板把身上的油脂、灰尘和汗水刮去。这座雕像的右手原本拿有一块刮身板。

说，希腊贵族是"美而善良的"，人们认为美丽的外表能反映出高尚的品格，他们甚至很少质疑这种观点。奥林匹亚竞技会集合了希腊贵族的理想：身体的技能、力与美、竞争、公开展示虔诚、获得与自己同等的人由衷或不情愿的尊重，但重要的是，你的对手是与你同一阶层的人。当亚历山大大帝（显然，他不是出身低下的短跑运动员）被问起是否会去参加奥林匹亚竞技会时，他回答："除非我的竞争对手也是国王。"

  运动员裸体比赛、捆绑生殖器、涂橄榄油，更多是出于仪式和审美目的，而非实用和强化能力。潜在的信息可能是："所见即所得。我呈现出来的就是我真实的样子。"裸体可能也是一种推行平等的形式，毕竟不管运动员来自社会的哪个阶层，脱光衣服后就都难以分辨了——但是，正如前面已经提到的，即使在引入裸体竞技之后的几十年里，体育馆和国际性竞技会仍被富人垄断。亚里士多德甚至声称，裸体运动也是富人彰显自己与众不同的方式之一。[23] 更关键的是，如同在体育馆中一样，赛场也被染上了同性恋色彩。从这方面来看，奥林匹亚竞技会把体育馆文化发扬到了国际舞台上。

******

奥林匹亚竞技会

奥林匹亚竞技会的时间安排是这样的：夏至（6月20日至22日的某一天）后的第二个满月要落在奥林匹亚竞技会五天赛期中的第三天。当然，这段时间的希腊非常炎热，大家也公认暑热是竞技会带来的不适之一，但好在这时人们基本不会进行农业活动。在那个年代，所有人的生活来源基本都靠农业，所以这期间他们正好有些闲暇时间。谷物已经收集完，无花果和葡萄得再过几个星期才成熟，而橄榄要到12月才开始丰收。奴隶可以维持家里的运转。人们也认为此时是一年中最安全的出航时间，所以大部分观众会选择乘船去往奥林匹亚。

神圣休战

在竞技会前的所有准备工作中，最重要的是宣布"神圣休战"。虽然每个人都知道竞技会在何时举行，但官员们仍会提早前往希腊世界各地，将竞技会开始的信息和竞技会前的休战协定广而告之。神圣休战协定可能源于古时的战争。古希腊的一场战役结束后，交战双方通常会安排休战，以便收集、安葬尸体。如果他们需要以某种形式祭奠死者——例如举行即兴比赛——也会涵盖在休战和约里。奥林匹亚竞技会的"神圣休战"，可能就是从这种传统中借鉴而来的。

休战期原本是一个月。后来，由于人们开始从更遥远的地方赶来奥林匹亚，休战期被延长到了两个月，甚至三个月。与人们普遍的认知不同，"神圣休战"并不完全禁止战争，它唯一的禁令是，在奥林匹亚竞技会期间，任何人都不能攻击竞技会的举办地——伊利斯城邦。实际上，在两个世纪中的大部分时间里（直到公元前5世纪末），由于伊利斯城邦一直是奥林匹亚竞技会的举办地点，整座城邦都被视作圣地，所以不管是否在神圣休战期间，其他城邦都不会攻打伊利斯。总的来说，伊利斯人也会尽量避免卷入希腊战事。

在其他情况下，战争并不一定能休止。现代奥运会曾两次因世界大战停办，但古希腊人不会这么做。战争虽未停止，竞技会仍然可以举办。例如，在席卷整个希腊世界的伯罗奔尼撒战争期间（公元前431—前404年），竞技会都如期举办了。前面已经提到，库隆曾在奥林匹亚竞技会期间试图在雅典夺权，虽然失败了，但没有任何人说他违背了神圣休战协定。

休战实际上让成千上万来参加竞技会的人获得了朝圣者的身份。在神的护佑下，他们通往奥林匹亚的路途应畅通无阻，也不会受到任何伤害。我们尚不清楚这种保护在实际层面上如何实施，理论上神圣休战受德尔斐的阿波罗保护。不过，休战协定并不总是奏效，比如在公元前364年的竞技会期间，奥林匹亚就发生了斗争。违反休战协定的行为会被处以巨额罚款。即使是当时欧洲最有权势的马其顿的腓力二世，也曾被要求赔偿一个雅典人，因为这个雅典人在前往奥林匹亚的路上遭到了腓力二世手下士兵的抢劫。[1]

除了奥林匹亚竞技会，其他竞技会也受到神圣休战的保护，不过到公元前2世纪，休战协定就变得多余了。那时，希腊人之间的战争已经自然而然地平息，罗马人维持着整个地中海世界的和平，史称"罗马和平"。

裁判

奥林匹亚竞技会的另一个重要赛前准备是委任裁判。最初只选两名，公元前400年增加到9名，前392年增加到10名：马术比赛3名，徒步比赛3名，对抗性项目和五项全能（铁饼、跳远、掷标枪、短跑和摔跤）3名，还有一名主席。裁判是伊利斯城邦的公民，经过预选，由抽签决定最终名单。裁判被提前选出后要接受培训，以确保他们在竞技会开始时具有相关资格。而且，裁判必须是富人，因为这项工作没有酬劳，担任裁判不仅需要自己掏钱，还得付出时间。伊利斯人组织了一个法律护卫委员会来评估比赛规则，决定是否需要修改，并对裁判们进行相应的指导。这些委员会成员想必之前也做过裁判。在任期内，他们白天会把伊利斯的一条柱廊当作办公室，晚上则睡在城中另一座单独的房子里。他们这样做，不仅是为了标榜自己的特殊身份，也是为了节省从各自位于郊区的住房前往城镇的通勤时间。

至少到公元前4世纪末，在参赛者数量可以保证的情况下，所有运动员都必须提前一个月住到伊利斯（像今天的奥运村一样，里面有训练设施和宿舍）。除非有站得住脚的理由，否则迟到者会自动失去参赛资格。参赛者需要向官员保证自己在过去的10个月里进行了艰苦的训练，然后再在伊利斯接受一个月训练。这证明，即使到公元前3世纪，参加比赛仍是富人的专利。只有资金充裕，才能长时间不工作、支付教练的酬劳、承担参赛产生的其他费用。

在这一个月里，裁判要完成许多工作，包括把参赛者登记在案，监督他们训练，确保他们了解比赛规则、公平参赛，以及驱逐那些非希腊人。运动员的训练处于裁判严格的监督下。有些崇拜者会提前来到奥林匹亚，神魂颠倒地观看训练。训练阶段的比赛较为"友好"，但对某些人来说，参赛之路就止步于此了。裁判的另一项职责就是淘汰不合格的选手，以确保竞技会开始后能为诸神和观众献上高水平的比赛。参赛者自由报名，但到达奥林匹亚之前，他们不需要参加"资格赛"，所以裁判实际上起到了筛选参赛者的作用。经过筛选，某项比赛可能只剩下一名合格的运动员，而在这种情况下，他就自动成了冠军。希腊人称之为"无尘的胜利"。有一次，裁判把摔跤比赛整个取消了，想必是因为所有参赛者都不够格。

裁判还需要把参赛者分配到合适的年龄段。在奥林匹亚，运动员只被分为两组：成年组和少年组。在其他一些冠冕竞技会中，还分出一个过渡的青年组，由青少年末期的年轻人组成。根据希庇亚的估算，少年组项目于公元前632年加入奥林匹亚竞技会。18岁及以上的参赛者归在成年组。在特殊情况下，有的运动员甚至四十几岁还来参加比赛，例如斯巴达的希波斯提尼，就在公元前624到前608年连续五届奥林匹亚竞技会上夺得摔跤冠军；来自克罗顿的米隆，也曾在公元前540年到前520年连续六届竞技会上夺得摔跤冠军。年龄更大的运动员可以参加战车或骑马比赛，因为奴隶会替他们承担风险。一些无法亲自参赛却发现自己对荣誉的渴望仍没被满足的退役运动员，经常会转而参加马术比赛（前提是有足够的金钱），以延长自己的冠军生涯。

我们不知道竞技会对少年参赛者是否有最低年龄限制。古希腊人没有出生证明，难以准确判断年龄，所以评判他们是否有资格参赛的标准，可能是体格而非年龄。在公元前4世纪的一个案例中，裁判们想把一个高大强壮的男孩归入成年组，后来被斯巴达的阿格西劳斯二世劝阻了。公元前368年，少年组的短跑冠军年仅12岁。[2] 判断马的年龄也是裁判的任务之一，他们要决定一匹马是以幼年马还是成年马的身份参赛。

赛场上，裁判穿着昂贵的紫色服装（紫色是国王服饰的颜色），手持双叉权杖。他们有权把运动员逐出场外，对其作弊、欺骗、犯规的行为（例如，摔跤手试图折断对手的手指）处以罚款或其他形式的惩罚。作为奥林匹亚竞技会的"警察力量"，他们身后跟着手持鞭子的随从。允许裁判对出身高贵的运动员施以如此侮辱性的惩罚是一件很不寻常的事情，鞭刑通常只用在奴隶或学校里的男孩身上。

裁判要负责给参赛者分组、评定冠军归属、安排颁奖仪式，并批准竖立雕像。如果参赛者人数太多，奥林匹亚体育场的20条赛道无法完全容纳，裁判还必须组织预赛，而决赛的赛道安排则抽签决定，重竞技项目和五项全能的分组也一样。如果需要两两

在奥林匹亚，运动员会被分入少年组或成年组。这幅画展示了一位少年正在准备跳远的样子——请注意他手中的重物。

配对的项目参赛人数为奇数，则会有一人轮空晋级；如果某人的对手退出比赛，他也会自动轮空。如果比赛不分胜负或出现平局，橄榄桂冠就不会奖励给任何选手，而是献给宙斯，这场比赛或这个项目会被宣布为"神圣的"。

裁判必须公正，而他们的宣誓仪式，可以说相当于竞技会的开幕式。他们会宣誓自己将公正裁决、不受贿赂、不泄露运动员的个人信息。不过，这些裁判来自伊利斯，而伊利斯人也可以参加比赛。希腊人认识到，这种情况可能对裁判的公正性是一种考验：

> 据说，非常重视奥林匹亚竞技会管理的伊利斯人派使节去见阿玛西斯（埃及法老，据说很有智慧），问他如何确保竞技会能以最大限度的公正举行。阿玛西斯回答："没有伊利斯人参加比赛就行了。"[3]

公元前396年就出现了一次争议。三名裁判中的两名把短跑比赛冠军颁给了伊利斯人攸波勒姆斯，但另一名裁判认为冠军应该是安布拉基亚的列奥。列奥声称，攸波勒姆斯贿赂了两位裁判，并向奥林匹亚委员会申诉——奥林匹亚委员会是伊利斯政府的一个分支机构，由50名年长男性公民组成，负责奥林匹亚的日常运作，并在此类事件中担任竞技会的申诉法庭。最终，委员会对两名裁判科以罚金，但并未推翻他们的判决：冠军仍然属于攸波勒

著名雕塑"赫尔墨斯与小酒神"，由普拉克西特列斯作于公元前4世纪，最初置于奥林匹亚的赫拉神庙，于1877年被重新发现。

姆斯。

总体而言，裁判们是不偏不倚的。从公元前372年开始，法律就禁止裁判在任职期间参加马术比赛。与其他竞技会相比，伊利斯人在奥林匹亚的获胜比例并未明显提高（不要忘了他们还有"主场优势"）。即使在罗马人征服希腊后，裁判对新主人的态度也无异于他们对希腊人的态度——除了尼禄皇帝坚持要参赛的那一次。为了与自己公元67年的希腊之行时间吻合，尼禄把包括奥林匹亚竞技会在内的几大周期性竞技会全都推迟了，从而使自己有机会因获得"大满贯"而受人赞扬。这倒给了奥林匹亚的官员一些时间，为尼禄建造了一座巨大的别墅（遗迹留存至今）。在奥林匹亚竞技会上，尼禄坚持亲驾战车，然后从车上摔了下来，未能完成比赛，不过最后仍获得了冠军。此外，他还把音乐加入了比赛。尽管他的歌声是公认的糟糕，可他还是获得了音乐比赛的冠军。尼禄死后的第二年，他的名字从冠军名单上被除去。人们谴责裁判，并强制他们归还了尼禄为感谢他们的慷慨而赠予的金钱。

第一天

竞技会开始前不久必须准备好场地。德尔斐留存下来一则有趣的铭文，记载了皮提亚竞技会前需要做的各种准备工作和付给劳工的酬劳。[4]在奥林匹亚，人们要挖掘水井，清除泉水中的垃圾和植物，整修建筑、道路和桥梁，给体育场和赛马场松土，清除杂草和石块，铲平地面并铺上白沙。人们还得为跳高运动员挖松土地，为跑步比赛竖立折返柱，并用白色涂料标记好跑道，最后检查起跑栏（hysplēx）——这种起跑装置于公元前4世纪后期引入，由起跑线两旁的立柱和系在中间的绳子组成。参赛者站在起跑线上时，会被一根约与膝部等高的绳子拦住。绳子落地，运动员才能冲出，以避免抢跑（抢跑犯规会被罚鞭刑）。

竞技会开始前一天，参赛者要从伊利斯列队行进至奥林匹亚。这项传统发起于公元前6世纪。我们无法确定列队行进的具体路线，不过行进距离大概是50千米。运动员集结后，裁判会向他们宣布：

如果你的努力配得上奥林匹亚，如果你不好逸恶劳、卑鄙无耻，那就鼓起精神继续前进吧；但如果没有努力训练，请你离开，去你该去的地方。[5]

然后大家出发。裁判和其他官员在前面带路，后面是运动员（可能多达200人）及随行人员，然后是马匹、战车、主人和骑手，最后是不可避免的追随者。他们行进的神圣之路沿着伯罗奔尼撒西北部的海岸线蜿蜒向前，然后转向内陆。途中，人们会遵循希腊游行的惯例，不时在重要的地点停下，举行祭祀或其他仪式。第一天的行程结束时，他们与奥林匹亚已近在咫尺。当晚，他们就在渐渐升起的月亮下露天过夜，第二天黎明时分，继续前往阿尔提斯。

赛前让参赛者在炎热的天气下走很长一段路，还要在户外度过一个不舒服的夜晚，似乎很奇怪。但我们要记住，宗教仪式与竞技比赛本身同样重要。而且，所有参赛者在这方面都是平等的，都要忍受这样的不利环境，所有古希腊竞技会的目的，都是让运动员击败对手，而非打破纪录。如果每个人开始时都平等地受到了不利因素的影响，就没有人可以抱怨。

第二天午后，参赛者到达奥林匹亚，并受到祭司的欢迎。祭司会用水和猪血（希腊宗教中常用的净化剂）为他们举行净化仪式。接着，他们会参加阿尔提斯的盛大入场仪式，观众从各自的临时住所过来，为运动员送来掌声。运动员的第一项任务是陪同裁判到议事厅献祭一头野猪，在那里他们会被分入不同的年龄组。在分组之前，参赛者和裁判先要在"誓言之神"宙斯的雕像前，就着被切成薄片的新鲜野猪肉庄严宣誓。雕像的双手各执一道雷霆，象征宙斯会惩罚那些背叛誓言的人。在没有纸的社会里，人们必须严肃认真地对待誓言。

比赛在第一天就会举行（至少从公元前396年开始是这样），但运动员并不在这天参加比赛，因为长途跋涉后他们需要休息。参加比赛的是传令官和号手，激烈程度与正式比赛不相上下。参赛者站在一个高台上，以便观众看到、听到他们。这两场比赛的冠军组成竞技会期间的官方公共通信系统。号手需要在赛马进行到最后一圈时鸣号示意。他的主要任务是在需要宣布公告的时候示意大家安静，然后传令官便可以用他洪亮的嗓门传达消息：可能是宣布下一个比赛项目、召集参赛者，或宣布某一项目的冠军归属。公元67年，尼禄来参加竞技会时，也确保自己赢得了传令官的比赛，以便亲自宣布自己在其他项目中的胜利。来访的外交官可能会让传令官发布重要的政治新闻。当参赛者一一进入体育场或赛马场时，传令官会大声报出他们的名字及其代表的城邦。这时，从希腊世界各地前来的粉丝会大声欢呼，表达对家乡英雄的支持；公众也可以对参赛者提出异议，例如质疑其希腊人身份，或声称他们在其城邦中信誉不佳。

竞技项目

体育比赛开始于第二天。尽管这些赛事闻名遐迩，但重现所有比赛细节仍然非常困难，尤其因为它们会随着时间的推移而改变。此外，如果有充分的理由，裁判也有权更改比赛项目的顺序。下面是一份推定的为期五天的竞技会项目次序，时间大约在公元前4世纪中期。

运动项目次序

第一天 行进到阿尔提斯；运动员和马匹分组；宣誓；竞争产生传令官和号手

第二天 祭祀仪式；战车和马匹比赛；五项全能；夜晚举行敬奉珀罗普斯的仪式（献祭一头黑色公羊）

第二天和第三天之间的夜晚：满月

第三天 赛跑；盛大的列队游行；百牲祭和公共宴会

第四天 搏击项目；武装赛跑；少年组项目（可能被移到其他时间，或不全在同一天举行）

第五天 在宙斯神庙举行颁奖仪式；举行庆功宴

古代奥林匹亚竞技会包含的项目远比现代奥运会的少——没有花样游泳或者沙滩排球——实际上，古代奥林匹亚竞技会根本没有团体项目，因为个人成就才是最重要的。虽然"体操"和"马拉松"*这两个词语源自古希腊，但奥林匹亚竞技会中并没有这两项。希腊人也参加球类运动、撑竿跳高（跳过一匹马，而且可能主要看跳的距离而非高度）、游泳、举重和划船，但这些项目从未被加入奥林匹亚或其他大型竞技会。偶尔有一两个新项目被引入，也迟早会被取消。公元前3世纪，某些项目的加入使竞技会的赛期延长到了6天（传统上是5天）。

各项目被引入奥林匹亚竞技会的时间：[6]

项目	引入年份（公元前）	奥林匹克周期（第×届）
约200米的单程跑（stadion）	776	1
约400米的双程跑（diaulos）	724	14
长跑（dolikhos）	720	15
五项全能	708	18

---

* 关于马拉松，详见附录。

续表

项目	引入年份	奥林匹克周期
摔跤（palē）	708	18
拳击（pyx）	688	23
驷马战车赛（tethrippon）	680	25
古希腊式搏击（pankration）	648	33
赛马（kelēs）	648	33
少年组单程跑	632	37
少年组摔跤	632	37
少年组五项全能★	628	38
少年组拳击	616	41
约400米的武装赛跑（hoplitodromos）	520	65
骡车赛(apēnē)★★	500	70
牝马赛（kalpē）★★	496	71
双马战车赛（synoris）	408	93
传令官和号手赛	396	96
幼马组驷马战车赛	384	99
幼马组双马战车赛	264	129
幼马赛	256	131
少年组古希腊式搏击	200	145

* 该项目很快被取消了。

** 该项目于公元前444年被取消。

向胜利者致敬

竞技会最后一天,胜利者列队前往宙斯神庙。他们头上系着绶带(在赢得参赛项目后即刻获得),手持棕榈叶。这一天会举行正式的颁奖仪式。胜利者向神庙行进的路被撒上鲜花和水果,代表他们身上由诸神赐予的优秀品质。歌队会唱赞歌,重复着"向胜利者致敬"(tēnella kallinike)。传令官一一喊出胜利者的名字,称他们为各自领域的"希腊人中的佼佼者"。由黄金和象牙制成的桌上放着桂冠,每位胜利者要走上前去,接过一顶戴上。接下来是庆功宴。有了绶带和桂冠,每位胜利者都像菲迪亚斯的宙斯神像右手上的胜利女神一样。

胜利者回到家乡后会得到更多(有时候可以说是过分)的庆祝。西西里岛的阿克拉加斯(现阿格里真托)的埃克塞内托斯于公元前412年连续获得了第二个单程跑冠军之后,得到了极高的待遇——被300辆白马拉着的战车护送回家乡。人们还推倒了城墙的一部分,让他进城——意思是当城邦有了埃克塞内托斯这样的英雄,便不需要城墙防御了。[7]

奥林匹亚竞技会结束后,胜利者可能会考虑在阿尔提斯敬奉

公元前490年,雅典人在马拉松战役中奇迹般获胜,打败了波斯人。战后,雅典将军米提亚德把头盔献到了奥林匹亚。

物品，比如一尊雕像或某种武器（代表胜利）。公元前408年，昔兰尼的短跑运动员欧巴托斯对自己的实力非常自信，去参赛的时候就带着一尊造好的雕像，以便赛后立即奉献，而最终他也确实获得了胜利。这类奉献是给神的谢礼，奥林匹亚的博物馆保存了许多类似藏品，如公元前4世纪中期最著名的雅典雕塑家普拉克西特列斯制作的赫尔墨斯像复制品（原作在某个时间被罗马人偷走了）；宙斯和年轻的情人伽倪墨得斯的陶塑，上面还残留着丰富的原始色彩；曼德的帕奥纽斯制作的胜利女神残像；精美的彩陶；精雕细琢的金王冠；大大小小的青铜制品——三脚祭坛、釜、带有装饰的盾牌，还有雅典将军米提亚德为纪念公元前490年马拉松战役中击败波斯人而奉献的头盔。该博物馆的藏品不仅数量庞大，品质和价值更令人折服。奥林匹亚竞技会持续了大约1100年，其间送到那里的祭品源源不断。现代人如果来参观奥林匹亚考古博物馆，便可以体会当年奥林匹亚的辉煌显赫和古希腊人的踌躇满志。

******
比赛项目

希腊人把体育项目分为两大类：一类是马术，包括赛马和战车比赛；一类是裸体竞技。后者也分为两类，其中"重型"项目是那些体形高大健壮的参赛者能够占据优势的项目（古希腊比赛不分重量级）：摔跤、拳击和古希腊式搏击（用全身力量搏斗）。"轻型"项目是我们现代概念中的田径项目，包括跑步、跳远、掷标枪和铁饼。

最负盛名的项目是驷马战车赛和单程赛跑。驷马战车赛在每届奥林匹亚竞技会中都是第一个举行的项目，而单程赛跑则是竞技会最初唯一的竞技项目。前面已经提到，奥林匹亚形成了以单程赛跑冠军的名字来命名整场竞技会的传统。单程赛跑的重要性相当于今天的百米赛跑，直观地展现了运动员的耐力、技巧与毅力。驷马战车赛最为激动人心，就像今天的一级方程式汽车赛——人们喜欢观看参赛者在极度危险的情况下以完美的技术驾驭昂贵的车辆。

马术比赛

竞技会第二天，选手和奥林匹亚的官员绕着阿尔提斯的祭坛列队行进后，一天的竞赛就以马术项目开启了。比赛估计一大早就开始了，因为有好几个项目要进行，需要花些时间组织并完成。奥林匹亚的赛马场在体育场南边，位于体育场和艾尔菲奥斯河之间。赛马场可能在公元前4世纪中叶与新体育场同期修建。这里场

这只公元前6世纪末的雅典黑绘式陶瓶展现了马匹在比赛中绕过转弯标杆的情形。

地宽阔，跑道两端尽头分别立着华丽的转弯标杆（以两根立柱标记），西端还有一个起跑设施。跑道西边的转弯标杆也标志着一圈的终点。观众区和赛道之间大概有栅栏隔着。

赛马场遗址仍有待发掘，但我们知道那里一次可以同时容纳40辆战车比赛。赛马场长约600米，宽至少200米，有两条平行直道，两端由半圆弧形弯道（马匹和战车转弯处）连接起来。所以，赛马场一整圈跑道的长度约为1200米。赛道想必是从中间分开的，分隔线估计只是转弯标杆之间一段未割的杂草，应该没有用坚固的物体分隔赛道，因为听说曾有战车越过中央分隔线，与对向车辆迎头相撞。

起跑设施位于赛道后侧，经过巧妙设计，旨在让战车或马匹有公平的起跑条件。该设施整体呈三角形，三角形的顶点指向赛道。从顶点开始，起跑闸箱沿着三角形的两条边（边长超过120米）依次向侧后方排列。每个闸箱前面都用一根绳子拦着（绳子也沿着三角形的两条边延伸）。比赛开始时，距离三角形顶点最远的两个闸箱前面的绳子落地，马匹向前冲出。这两匹马或两辆马车跑到与它们前面的闸箱并排的位置时，拦住后者的绳子才落地。以此类推，直到所有选手同时到达前方，向起跑线狂奔。这一过程描述起来有些费劲，但实际上发生得很快。显然，后排的马匹具有优势，因为它们最早开始加速，到达起跑线时的速度会比前排的马快。但由于中间赛道是最佳位置，所以后排的马会被安排得距离中间最远，速度的优势也就相应抵消了。起跑位置由抽签决定。

第一个项目是驷马战车赛，在所有项目中最具贵族气息。战车需要跑12圈——超过13千米——因此比赛漫长而艰苦。接下来是绕场两圈的赛马（我们今天称之为平地赛马），然后是绕场8圈的双马战车赛，最后是绕场8圈的幼马组驷马战车赛。公元前4世纪中期，这些就是全部的马术项目。前文提到，公元前5世纪曾短暂地存在过另外两个项目，公元前3世纪加入了幼马组双马战车赛和幼马平地赛。参赛马匹不限公母，也不钉马掌。

马镫和马鞍出现前，*骑马是一件非常难受且危险的事。当然，骑手有缰绳和马衔，还随身携带鞭子，否则难以驾驭马匹。训练有素、专业的骑手是年轻、纤瘦的奴隶，但还是时常会从马上摔下来。古希腊人用的马匹虽然比今天的小一些，可从马上摔下来仍然很危险，除了骨折，还有可能丧命。

有趣的是，大多数奥林匹亚竞技会项目都主要依靠个人努力，然而在马术比赛中，除了必要的费用，马匹的主人不需要付出其他什么就能获得胜利的荣誉（或失败的耻辱）。有个故事生动地体现了这一点。公元前512年，一名骑手在比赛刚刚开始时就摔下了马背，但由于马匹受到过良好训练，所以在没有骑手的情况下也继续比赛，甚至在听到最后一圈的信号后还进行了冲刺。这匹马获得了第一名——主人当然也获得了冠军。[1]显然，这匹马才被看

---

* 没有脚蹬的马鞍可能在公元前1世纪引入。

作主人的代表,而那位奴隶骑手尽管骑术高超,但至少在这种情况下,却仅被当作控制马匹方向的机器。

后来,即便是女性,如果拥有马匹的话,也可以获得奥林匹亚竞技会的冠军。公元前396年,斯巴达的阿格西劳斯二世鼓励妹妹西尼斯卡参加驷马战车赛。他厌烦人们总是吹嘘自己在这个项目上的胜利,想要证明"组成一支胜利的战车队伍无法代表男子气概,只是财富的标志"[2]。西尼斯卡无法亲自到场见证赛况,但她的战车赢了。她的雕像底部的基座留存了下来,上面的铭文显示,她为自己的胜利(尽管其中有她哥哥的作用)感到自豪:"我宣布,我是全希腊唯一获得这顶冠冕的女性。"[3] 不过,后来的几年里,也有其他女性获得冠军——当然,总是在马术比赛里。就我们所知,还有其他三位女性奥林匹亚冠军,共获得了四次胜利。*不过这种壮举仍十分罕见,因为大多数希腊城邦不允许女性拥有马匹。

参赛的战车构造简单轻巧,两个四根辐条的车轮上驾着木制平台,上部构造由柳条编成,由于缺少悬挂装置,驾驶起来想必很艰难。驷马战车的四匹马并肩而行,中间的两匹用马轭套在一起,边上的两匹只用缰绳(与马身平行的皮带)套住。除了缰绳,

---

* 西尼斯卡在公元前396年和前392年都获得了胜利。另外三位女性是:斯巴达的欧律列奥尼斯,在西尼斯卡获胜几十年之后的一次竞技会中赢了双马战车赛;马其顿的比尔斯提奇,于公元前268年赢了幼马组驷马战车赛、前264年赢了幼马组双马战车赛;伊利斯的西奥多塔,于公元前1世纪赢过幼马组双马战车赛。其他竞技会也有女性夺冠的记录,但在奥林匹亚,上述几位是我们已知的全部。

车手还使用马鞭。赛车是一项危险运动，冲撞时有发生，尤其是在转弯的时候。马车如果转弯半径太大就会落后，因此大家都离转弯点很近，可如此一来车轮就很容易相撞，车手死亡的情况也不罕见。公元前462年的皮提亚竞技会上，四十辆战车中只有一辆完成了比赛；公元前416年，亚西比德以七辆马车参加奥林匹亚竞技会，最后其中也只有四辆完成了比赛（见第68页）。

约公元前415年，雅典戏剧家索福克勒斯在剧作《厄勒克特拉》中生动描绘了一场惨烈的战车赛，使人感到身临其境。剧中，俄瑞斯忒斯的一位老家臣试图让某人相信自己的主人死在了德尔斐的皮提亚竞技会上：

可是当天神降下灾难时，再强壮的人也难逃厄运。举行马车比赛的这一天到来了。黎明时分，他跟许多御者一同进场……他们的出发位置由抽签决定，那些被派定的裁判员让他们各就各位，铜号一鸣，他们就开跑，大家立即对着马吆喝，挥动手里的缰绳。整个跑道充满了辚辚的车声，尘土飞扬。他们全都混在一起……直到这时，所有战车都还直立行进着，但后来跑完第六圈，正要进入第七圈时，那埃尼亚人的烈驹使劲狂奔，向着巴耳卡人的车子正面冲去。由于这次事故，车子一辆撞破一辆，接连翻倒在地，整个赛场堆满了被撞毁的战车。那位来自雅典的驾车能手看见出了事，就转向旁边停下来，让马的波涛从跑道上乱纷纷滚过去。俄瑞斯忒斯最后驶来，使他的马落在后面，但他对最后的结果很有信心。可是，等他看见只剩下那个雅典人了，便向他的快马耳边发出尖锐的吆喝声，向前追去。两人并驾齐驱，时而这个人领先一头，时而那个人领先一头。

每次转弯时，俄瑞斯忒斯都让马车的左轮离转弯标杆很近，让右侧的马疾驰，成功避免了左轮碰到转弯杆。这个可怜人平安通过了每一圈，身体保持直立，战车也没有损坏。然而在最后一圈转弯时，他放松了左边的缰绳，不知不觉就碰着了石柱的边沿，把轮毂撞成了两半。他从战车扶手上摔下来，被缰绳缠住。他一跌到地上，马便分散到跑道各处去了。

观众看见他从车上跌下来，都悲痛地大声呼喊，这个年轻人已经获得这样好的成绩，却又遭遇了这样大的灾难。他时而被撞到地上，时而被两脚朝天甩起。其他赛车手费了很大力气才制住他奔跑的马匹，把他血淋淋的身体解救下来。他的尸身已经面目全非，没有一位朋友能辨认出来。[4]

五项全能

竞技会第二天下午举行五项全能，比赛的顺序可能是铁饼、跳远、标枪、赛跑、摔跤（最难的留在最后）。由于结合了重型和轻型竞技项目，五项全能被普遍认为是对选手身体素质的全面考验，所以受到了医生和哲学家的称赞。亚里士多德就曾说："年轻人的美，在于拥有能承受种种劳苦的身体，无论是奔跑还是角力，看起来都令人赏心悦目。所以，从事五项全能的运动员是最美的，因为他们天生就是力量和速度的结合。"[5]先举行的铁饼、跳远和标枪是五项全能特有的项目，始终没有作为独立项目出现在奥林匹亚竞技会中。

铁饼的制作材料最初是石头，后来换成了青铜或铁。最常见的铁饼重2千克（与现代铁饼同重），也有一些从1.5千克以下到4.5千克以上不等。有理论认为，参赛者可以选择更重的铁饼来向其他竞争者发起挑战，因为对手的铁饼必须也达到这个重量。然而更可能的情况是，大重量铁饼仅仅是献给圣所的供奉，不作实际用途。与现代运动员掷铁饼时的全身旋转不同，古代选手掷铁饼时双脚固定不动，只扭转身体掷出铁饼，因而如果按照今天的标准来衡量，其掷出的距离会让人大失所望。

标枪大约2米长，以接骨木制成，装有金属枪头。标枪柄上缠有皮圈，投掷时用手指勾住皮圈，使标枪旋转运动，并增加稳定性。现代实验证明，使用皮圈还可以提高射程。这种标枪是为比赛特制的，重量比军用标枪轻，枪头的致死性也比较低。运动员跑上前去，掷出标枪，目的是把标枪掷得尽量远，而不是命中靶心。通过图像资料，我们可以看到选手在投掷标枪前会上半身后仰，以获得更大的力量。

跳远的形式存有争议。古代人宣称，曾有两位运动员跳出了超过50英尺（15~16米）的距离。[6]我们可以否认这个说法，认为古代运动员只跳一次（像今天的助力跳远）；我们也可以接受这种说法，那么古代跳远就是三级跳（由单脚跳、跨步跳和跳跃组成）。也有人提出了其他可能性，例如古代跳远是由一系列立定跳远组成，但大多数学者的解释主要集中于前面两种，且比例平均。运动员要站在起跳板上，而且着地必须利落，沙坑中的脚印必须清晰，跳远才会被判有效。选手起跳时伴随着竖笛（古希腊乐器，声音像双簧管）的音乐，这有助于他们找到身体节奏。乐手是两年前德尔斐皮提亚竞技会上的竖笛比赛冠军。运动员起跳时，手持1到2千克的重物，双臂大幅摆动，当手持重物摆到前上方时，双腿发力起跳，落地前手臂摆动到身体后方，也许还会将重物扔向身后。理论上，这可以帮助他们跳得更高更远，但现代实验不能完全证明这有效。

我们不清楚五项全能的规则。现有的理论仍存在争议，比如每位选手可以投掷几次铁饼和标枪、跳远有几次机会。最重要的是如何选出冠军？古人没有我们今天十项全能和七项全能项目中的精确计分系统。我们只知道前三项是一组，所以裁判有可能采用了某种淘汰制度。选手赛前在伊利斯训练的时候，裁判很容易把参赛人数筛减到16个或其他比较方便的数目。之后，运动员在前三项运动里与抽签分到的对手进行两两对决，直至四分之一决赛。然后，进入半决赛的选手参加赛跑，进入决赛的选手才能参加摔跤。

《掷铁饼者》雕像，图中是公元前5世纪中期米隆原作的复制品，雕像完美地展示出了运动员的活力与动作。

赛跑

"跑得最快的人最受尊崇。"科洛丰诗人色诺芬尼在批判运动员之前（见第65页）曾如此说道。奥林匹亚竞技会第三天早上举行三项跑步比赛。裁判先进入体育场落座，选手在拱形的入场通道处等待叫名字。依次入场时，他们脱下衣服，朝着阳光奔跑，迎接观众的欢呼。跑道通过抽签分配。每场比赛可能有多达20名选手。偶尔有一名运动员能在三项跑步比赛中连续夺得冠军，就会被誉为"三连冠"获得者。在公元前164年至前152年连续四届竞技会中，罗德岛的列奥尼达斯包揽了全部三项赛跑冠军。这是非常了不起的成就，因为三项赛跑都在同一天举行，有时还要进行预赛，会消耗参赛者巨大的体力。

当然，参赛时，选手光脚站在起跑线处（脚趾踩住石质起跑线上的沟槽），等待拦在身前、与膝同高的绳子落地后冲出。与今天的运动员一样，他们在等待起跑时会热身，做低强度的运动和拉伸。

长跑比赛是第一个项目，选手要跑12圈，赛程是奥林匹亚体育场长度的24倍（在其他地方圈数会少一些）。所有运动员到达折返点后，要逆时针绕折返柱转身往回跑。在折返点进行急转弯时，选手不能用手碰折返柱。每圈将近400米，所以整个比赛的距离约为5千米。第二个项目是短跑，也就是单程赛跑，距离为一个体育

黑绘式陶瓶，被认为是陶瓶画家欧菲列特斯所绘（约公元前530年），瓶身描绘的是短跑选手，请注意他们隆起的大腿和迫切前倾的姿态。

场的长度（1"斯塔德"，约192米）。选手从体育场最东边跑到最西边，终点在阿尔提斯和宙斯祭坛附近。最后一个项目是往返跑，或称双程赛跑，距离为两个体育场的长度。选手起跑时占据一条赛道，在折返柱（逆时针）转身后沿相邻赛道返回。传令官会在比赛结束时播报冠军的名字。与今天一样，冠军会绕场奔跑，接受观众的掌声和欢呼。

重型项目

第三天剩余的时间，留给了百牲祭和公共宴会。第四天早上，体育场里会举行重型竞技项目。摔跤和古希腊式搏击的地点位于一块已松过土并铺了沙子的场地，而拳击比赛在平地上举行。由于比赛不分重量级，所以高大壮实的选手更占优势。选手通过抽签两两分组，每场淘汰赛后，再重新抽签决定新的分组。参赛者必须在身上撒好尘土，以便抓住彼此涂过油的身体，但听说还是有违规的选手用抹油的手把身上容易受攻击部位的尘土拂去了。

所有重型项目都没有计时的回合，需要参赛者既有耐力，又富技巧。不过，他们的比赛时间估计比今天短，因为选手们很快就会力竭。即便如此，重型项目对运动员的能力要求也很高。如果一名选手能在没有轮空的情况下赢得每个回合，他的胜利就更加光彩。从这些项目的各种资料中可以清楚地看到，与今天类似，重型项目对古人的吸引力（如果可以说是"吸引力"的话），在

起跑线。赛前，运动员直立于起跑线前，并将脚趾放在起跑线的沟槽中，等待起跑号令。

于它们结合了人们对力量和技巧的崇拜,也带来了鲜血迸发的刺激感。

这些暴力运动在今天肯定会被禁止或改良,但古希腊人对待暴力和死亡的态度与我们不同——有些人甚至可能觉得他们冷漠无情,或者说更"讲求实际"——伤痛和死亡被认为是通往荣誉的道路上必须承受甚至追求的东西。参赛者在重型项目中死亡的情况不多,但也常见到为其专门立法,以免除比赛期间运动员打死对手的责任。致使对手死亡的选手不会被取消获胜资格,除非致死原因违反了规则。在我们所知的六例与体育比赛相关的死亡事件里,五例都发生在奥林匹亚。中暑和受伤也可能是死亡的原因。比如,费加里亚的古希腊式搏击选手阿里奇恩在击败对手的那一刻死去(可能是心脏病突发,当今也有运动员因此而死),人们为他的尸体戴上了橄榄枝叶编成的胜利桂冠。[7]

在拳击比赛中,任何对头部和颈部的击打都是被允许的,但击打身体其他部位不行,或者可以说是被认为违背了体育精神。缠抱这种现代拳击比赛中的毒瘤行为,在古代也是被禁止的。选手不能戴有软垫的手套(除了训练时),而要缠上轻便的"十"字形皮带(himantes)来保护双手,菲洛斯特拉图斯在公元3世纪写道:"拳击手的四根手指被绑在一起,可以穿过皮带握紧拳头。"也就是说,皮带把拳击手的手臂绑成了某种形式的棍棒。[8]古希腊俚语把"himantes"叫作"myrmikes",意为"蚂蚁",因为它们能刺痛对手、划伤对方的脸。拳击手上场后互相击打,直到一方被迫认输——输家会用手势表示认输或自己失去了继续比赛的能力。即便某一方已经显然陷入困境，裁判也没有权利宣布比赛结束。如果比赛进行的时间太长，裁判会让虚弱的选手轮流击打对方（此时甚至击打其他部位也可以），并且不能防守，直到分出胜负。

那时并没有绳索围成的拳台，所以选手被观众围在中间，裁判控制他们保持在彼此能攻击到的距离内。公元前4世纪，拳击手开始使用一种硬皮手套，这导致了两个结果：给对手造成更大伤害；以防守为主的拳击占据了主导地位。据说，卡利亚的梅兰科马斯可以在整整两天之内保持警惕，进行有效的防守，所以虽然他的职业生涯很长，但脸上没有留下任何疤痕。[9]他获胜的方式不靠重拳出击，而是在对手身边跳来跳去躲避攻击（可能就像拳王阿里说的那样，"步法如蝶"），耗尽对手的体力。在其他情况下，希腊人显然很享受欣赏两个人互相把对方的脸揍得鲜血淋漓。如果一个人脸上伤痕累累、耳朵看起来就像花椰菜，那么他很可能是一位拳击手。一名死在奥林匹亚的拳击手的墓志铭言简意赅："他向宙斯祈求，要么夺冠，要么死亡。"[10]来自北非昔兰尼的拳击手攸里达马斯在比赛中被对手狠狠击中脸部，打掉了几颗牙齿，他怕吐出牙齿会被对手看出自己处于下风，就硬把它们吞了下去。[11]

特奥克里托斯写于公元前3世纪的一篇诗作生动地体现了古希腊拳击的残酷：宙斯的儿子波吕丢刻斯（"双子神"之一，双子神在英语中通常被叫作"Castor"和"Pollux"）与波塞冬的儿子、体形庞大、凶狠好斗的阿密科斯较量。[12]比赛一开始双方都在绕圈，诱使对方移动到阳光直射眼睛的位置。我们的英雄波吕丢刻斯首先出击，击打对手的下巴。这激怒了阿密科斯，他开始疯狂出拳。

宙斯之子变换手法，左右手交替进攻，抑制了波塞冬之子的攻势，尽管对方力大无穷。他站在那里，被打到眩晕，口吐鲜血……他的脸肿了起来，眼睛开始闭上。波吕丢刻斯开始从各个方向佯攻对方，当他看到这人已任凭自己摆布，便挥拳打向对方眉间，使其额骨开裂。阿密科斯四肢摊开，倒在花丛中。

阿密科斯重新站起来后，比赛变得更加激烈。他们戴着硬皮手套互相猛击，决一死战。阿密科斯攻击对方的胸部和身体，而打不倒的波吕丢刻斯继续以毁灭性的重拳击打对手的脸庞……阿密科斯此时想要豁出去搏杀，于是用左手抓住了波吕丢刻斯的左手，并从右侧向前倾身，从右边胯部向上抡起拳头。如果被击中，波吕丢刻斯将遭受重创，但他闪开了，同时从肩部直拳出击，狠狠击中了阿密科斯的左太阳穴下方。深红的血立刻从阿密科斯太阳穴上裂开的伤口中涌出。波吕丢刻斯接着用左拳击打对方的嘴，打落了这位巨人的牙齿。他出拳越来越快，把阿密科斯的脸颊打成了肉泥。阿密科斯四肢瘫软地躺在地上，头晕目眩，举起双手投降，因为他快要死了。

古代摔跤也与现代的不同。运动员只能直立搏斗，双脚以外的身体部位不许触地。摔跤手的预备姿势是相对而立，身体前倾、额头相触（希腊人称其像公羊一样头碰头），抓住彼此的手、手腕或上臂。每个回合开始时，双方开始绕圈，寻找进攻机会。三次让对方摔倒后，如果裁判判定其背部、肩部、胸部或腹部触地，这一方就取胜了（因此一场比赛最多有五个回合）。单膝触地是允许的，因为有时需要以膝盖为支点来扳倒对方。运动员不用把对手按在地上计时，只要轻擦地面就可以算摔倒。裁判会以摔倒者身上沾的沙子为证据。

从本质上讲，摔跤考验的是技术和技巧，但各种战术都可以使用，包括夹脖子、绊倒、抱腿和扳手指。折断对方的手指好像是犯规的，但据说公元前5世纪中期梅萨纳（位于西西里岛）的拳击手列昂提斯克斯就是靠这个方法获胜的。从那之后，这种行为便在理论上被禁止了。[13]罗德岛的克里托斯特拉斯因以掐住对手的脖子并将其掷出的技巧而闻名。与跑步运动员靠包揽三项比赛冠军获得荣誉一样，一名摔跤手如果从未被对手摔倒就能获得胜利（更别说连轮空都没有），也是极大的荣耀。摔跤这项运动非常流行，不仅每个希腊城镇都有至少一个角力场，而且就连关于摔跤的比喻也频频出现在古代各种文学作品中。例如，"第三次摔倒"就经常被用来比喻"失败"。

在古代世界，古希腊式搏击是希腊人和罗马人独有的运动，类似于今天的"混合武术"。这个词在希腊语中的意思是"全部的力量"，所以比赛场面可能极其惨烈。古希腊式搏击的关键是给对

下页图
摔跤手在回合开始时的准备姿势。希腊人称之为"公羊"。

手造成极大的痛苦,让他放弃格斗,示意投降。拳击和脚踢是最基本的技术,选手有时候会像拳击手一样在手上缠保护性的皮条,但他们经常摔倒在地,扭打在一起。理论上,咬、抠、用膝盖顶生殖器是被禁止的,但使用这些犯规动作的选手偶尔能逃避惩罚。运动员可以用头撞对手,并在对手倒地后在他身上踩。"一名搏击选手",正如品达所说,"必须不择手段干掉对手"。[14]陶瓶画上描绘过那种身上有血手印的男子形象,我们也听说过各种各样可怕的伤情。古希腊式搏击不是怯懦者的运动。据说亚历山大里亚的塞拉皮昂曾在看到对手的身材之后退赛。[15]这种情况在其他竞技会上也发生过,但在奥林匹亚仅此一次。塞拉皮昂最后还因怯懦而上缴了应缴的罚款。

武装赛跑

竞技会第四天是最后一个比赛日。下午进行艰难的武装赛跑,最后是少年组项目(顺序如前一章节所述)。*武装赛跑需要选手在体育场进行一次折返跑(和双程赛跑一样),距离约为400米。这个距离相对适中,在其他地方,这项比赛可能需要选手跑3000米。参赛者最初需要戴一个有盔缨的铜制头盔,穿上铜制护胫甲,还要携带重装甲步兵配备的盾牌。这种盾牌又大又笨拙,有时运动员在奔跑中会失手将其掉落。盔甲也是出了名的不合身,加重

---

* 我将不再详述少年组项目,包括短跑、摔跤和拳击,它们只是我之前已经提到过的这些项目的少年版本。

了选手的不适感。

重装甲步兵是古希腊军队的兵种。他们的盾牌直径约1米,凹面,木制框架内是一层薄铜,内侧有皮革衬垫和手柄,边缘有一圈保护性的铜带。军用盾牌的重量为6~8千克,所以奥林匹亚专门为运动员准备的特制盾牌也是这个重量。公元2世纪,帕萨尼亚斯的时代,宙斯神庙里存放着25面这种盾牌。[16]但那时,参赛者只须携带盾牌,不必戴头盔、穿护胫甲了。

这个公元前6世纪的陶瓶大致展现了武装赛跑的艰难。
请特别注意盾牌的大小和笨拙程度。

女子竞技会

已婚妇女被禁止观看奥林匹亚竞技会，但未婚女性和德墨忒尔当地的女祭司可以。"未婚女性"（希腊语为parthenoi）实际上指的是少女，因为女性一般在十四五岁就结婚了，目的是在她们发育后尽快把其性行为限制在婚姻内。阻止已婚而非年轻的未婚女性观看裸体男性，似乎是一件奇怪的事，但这只是希腊人让现代人困惑的做法之一。总之，这种规定体现的并不是希腊人的羞怯或者开放，更多体现了他们对女性的态度。

希腊某些地方会举行女子竞技会，奥林匹亚就是其中之一。这里举办敬奉女神赫拉（宙斯之妻）的比赛，但只许年轻女孩参赛，成年女性不可以。比赛是给赫拉神像奉献新圣袍的仪式的一部分，随后还要跳舞、祭祀和宴饮。与奥林匹亚竞技会一样，女子竞技会每四年举行一次。

单程赛跑似乎是唯一的比赛项目（与其他有女子项目的竞技会一样），但女性赛道比男性的短了六分之一，距离是500而不是600个脚长，对今天的我们来说约160米。这样做的原因看起来无外乎是强调男性的优越。*女孩们被分成三个年龄组，年纪最小的先参赛，整个比赛一天之内就可完成。获胜者像在男子竞技会上一样，会被授予橄榄桂冠。除了这些，有关赫拉节的信息非常少，而且几乎每一条都有争议。与男性一样，获胜的女性可以竖立纪

---

* 类似高尔夫球场上的"女子发球区"（ladies' tees），很多人不喜欢这种说法。

念雕像，但是没有任何一座雕像或带有铭文的雕像底座留存下来，弥补我们的知识空缺。

我们不知道奥林匹亚的女子竞技会起源于何时，很可能年代较晚，不然为什么我们找不到比公元2世纪帕萨尼亚斯记载的相关信息更早的资料呢？[17]而且，我们也不知道参赛选手是只有当地女性，还是包括远道而来的女性。不过，竞技会使用了奥林匹亚体育场，说明比赛可能是国际性的（即使国际化程度不如男子竞技会那么高）。我们甚至也不知道赫拉节举行于一年中的什么时间，不过有可能是在男子奥林匹亚竞技会前不久。这就可以解释为什么奥林匹亚竞技会上有女性观众，她们或许是参加完赫拉节后留下来的。

女子比赛具有成人仪式的性质。与希腊其他的仪式一样，跑步被认为是"规训"女孩的方式，为她进入成年和婚姻做准备。这引发了一种有趣的设想。许多参加奥林匹亚竞技会的男性运动员都是二十多岁，正值适婚年龄，而这些女孩的父亲或监护人本来是来陪女儿参加比赛的，估计正好借此机会挑选女婿，因为他们的女儿也快到婚配的年纪了。可以想象，这样一来，古代奥林匹亚竞技会的同性恋色彩可能被一点儿异性恋色彩调和了。*

古风时期和古典时期早期，希腊贵族成员经常与其他城邦的上流家庭联姻。冠冕竞技会就是这些贵族见面和交流的场合。公

---

* 巧合的是，直到20世纪初，希腊的一些村庄还把适婚女性作为体育比赛的奖品。

元前6世纪初，西锡安僭主克利斯提尼想为女儿挑选一位丈夫，就在奥林匹亚宣布了这个消息。任何一名自认为配得上的男性，都可以去西锡安，花一整年的时间在体育比赛中与其他求婚者竞争，然后由克利斯提尼做决定（最后的赢家是雅典的梅加克勒斯，奥林匹亚驷马战车赛的冠军）。把奥林匹亚竞技会当婚介场合的做法，在后来的几个世纪中逐渐减少了，例如雅典在公元前5世纪中期规定，要获得雅典公民身份，双亲必须都是雅典公民，进而有效禁止了雅典人与外邦人通婚。不过对有些人来说，竞技会可能仍保留了这种额外的社会功能。

赫拉节的观众有男性，女孩们不大可能裸体赛跑或者在身上涂油。奥林匹亚博物馆有一座可追溯至公元前8世纪的小型铜塑，描绘了一群裸体跳舞的女孩形象，但这可能跟赫拉节无关。人们通常认为女性应该端庄持重。布劳隆（雅典附近的一个镇子）的阿尔忒弥斯神庙也会举行具有成人仪式性质的跑步活动。女孩们跑步时穿着轻便的裙子，跑完脱掉，作为她们迈入成年的标志，但这项活动不是比赛。在奥林匹亚的赛跑中，女孩们可能也穿某种及膝的宽松裙子。根据帕萨尼亚斯的说法，她们穿着衣服跑步时，会露出右边的肩膀和胸脯。运动服饰做成这样是挺奇怪的，所以肯定是出于仪式目的，也许是模仿人类从事狩猎这类艰苦的体力活动时的衣着。这在成人仪式的情境下可以理解，因为跨性

一个女孩的雕像。她的衣着可能是女孩们参加奥林匹亚的赫拉节时身穿的服装样式。

别的衣着在世界各地文化的成人仪式里都不罕见。

现存的一尊大雕像和一尊小塑像,展现了年轻女性身穿这种服装时的形象,但尚不清楚她们是跑步者还是舞者,或者可能她们跑步结束后就开始跳舞?我们可以追溯这些文物的时间或来源,但如果它们塑造的是舞者而非跑步者形象,那也无助于我们确定奥林匹亚女子竞技会的起始时间。而如果它们塑造的确实是跑步者形象,那就支持了赫拉节的起始时间为公元前6世纪的说法,这也是帕萨尼亚斯暗示的年代。由于男性对女性活动的漠不关心,赫拉节的历史仍令人沮丧地被笼罩在未知的黑暗中。

******
英雄与胜利者

接下来，我们该认识一些伟大的古希腊运动员了，因为在他们身上，我们不仅能看到精彩的故事，还能更全面地了解古希腊竞技体育的文化。古希腊人无法通过精确计时来保存项目纪录，但对奥林匹亚的运动员来说，这并不重要。关键的问题是在比赛那天获得胜利，战胜对手才是真谛。然而，古希腊人确实也会在某种意义上记录成绩，记住那些令他们印象深刻的壮举。他们总是为第一次做到某件事的人着迷，不管这个人是有了什么新发现（例如发现了酿造葡萄酒的方法），还是跳得特别远。在古希腊，这是晋升为名流的有效途径。许多现存的奥林匹亚铭文都夸赞这种成就。拳王穆罕默德·阿里不是历史上第一个想出"我是最强者"这句话的人。事实上，在西尼斯卡的铭文上，我们就能看到与之相似的话语（见第112页）。杰出的运动员会迅速得到希腊人的认可，获得应有的赞扬。实际上，希腊人经常给予运动员过多的荣誉。也正因如此，在他们成为广受欢迎的英雄时，一些奇幻的故事也围绕着他们诞生了。

不过这些运动员的成绩倒很少被夸大，因为每个人都了解实际情况。他们在整个希腊世界都很有名，如果夸大成绩，很快会尽人皆知。过往的体育成就或流传于民间故事中，或被镌刻在雕像底座的铭文里，这对雄心壮志的运动员来说是一种激励。雅典的潘塔克勒斯是第一位连续赢得两届奥林匹亚竞技会的跑步运动员（分别在公元前696年和前692年）。第一位打破潘塔克勒斯纪录的运动员是斯巴达的基奥尼斯。在同一届奥林匹亚竞技会上，他赢得了单程赛跑和双程赛跑冠军。此外，在公元前664年到前656年连续三届奥林匹亚竞技会上，他都保持了这一佳绩。这项非凡的纪录保持了许多年，直到公元前520年，奥林匹亚竞技会增设了另一个短跑项目——武装赛跑。于是，一位运动员可以在单届奥林匹亚竞技会中同时包揽三项短跑比赛的冠军。公元前512年，佩勒内的法纳斯成为人们记忆中第一位获得这项成就的运动员。到公元前5世纪初，一位名为阿斯提洛斯的跑步运动员代表两座城邦参赛（意大利南部的克罗顿和西西里的叙拉古），获得了与基奥尼斯和法纳斯不分伯仲的成绩。*阿斯提洛斯的纪录难以超越，保持了很长时间，直到罗德岛的列奥尼达斯出现。在公元前164年至前152年连续四届奥林匹亚竞技会中，他包揽了三项短跑比赛冠军——人们称他得到了速度之神的恩赐。在那之后的奥林匹亚竞技会历史中，他的纪录再也没有被打破：列奥尼达斯是真正的最强者。

一则来自公元1世纪米利都的铭文，把人们与生俱来对"第一"的迷恋展现得淋漓尽致。比如，有位赛跑运动员（由于石碑已经损坏，我们无从知道他的名字）很清楚如何吸引人们的眼球，

---

* 有趣的是，虽然此时距离基奥尼斯的胜利已经过去了几十年，但在阿斯提洛斯获得这一成绩后，基奥尼斯的斯巴达同胞们在奥林匹亚建立（或重建）了他的雕像。他们把这座雕像建得距离阿斯提洛斯的雕像很近，仿佛是在提醒阿斯提洛斯，基奥尼斯才是第一。他们还在雕像背后的铭文上添了几句话——"当年没有武装赛跑"——好像是在说，如果基奥尼斯当年有机会，也能取得与阿斯提洛斯一样的好成绩。这一事例很好地体现了人们用雕像来彰显优越感的行为，本书第7章将详细探讨这一点。

以宣扬自己的勇猛。显然，他不会对自己在大型赛事（例如奥林匹亚竞技会）中获得的胜利轻描淡写，而且更强调自己在某件事上"第一"的地位。他不仅是第一位在尼米亚竞技会和阿克提亚竞技会中包揽三项冠军的运动员，还尽可能通过缩小地理范围的方式，把自己的其他胜利冠以"第一"之名：有时他是"小亚细亚第一"，有时只是"爱奥尼亚人中的第一"，有时是"米利都第一"。[1]他的自豪之情溢于言表。即使在公元1世纪，荷马情结依然盛行：不仅永远要争取做到最好、比他人更胜一筹，还得确保别人都知道自己是最好的。

英雄

对现代人来说，古希腊人有一种纪念那些体育英雄的方式看起来非常奇怪。古希腊宗教认为，神与凡人之间存在一种中间等级的超自然实体。他们低于神而高于凡人——被称为"英雄"。英雄在活着的时候虽然是凡人，但展现出了某种强大的力量，所以在他们死后，人们为了利用或躲避这种力量，建立起对他们的崇拜。战争、体育和建立城市是使凡人成为英雄的最常见领域。如果一个人在这些领域取得了非凡的成就，人们便会认为，他之所以获得成功，是因为得到了神的喜爱，甚至是被相关的神附身了。你希望得到这种人的支持，所以你尊崇他。

萨索斯岛上留存下来的一则铭文告诉我们，那里最著名的运动员是一位名叫特奥根尼斯的拳击手。他赢过一千多场比赛，死

来自公元前5世纪的雅典红绘式陶瓶,展现了一名标枪选手在标枪离手前的最后姿态。

英雄与胜利者

后被人们奉为治愈英雄来崇拜。每个向他祭献或祈祷的人必须支付至少1个欧宝*，钱款总数达到1000德拉克玛（如果每人支付最低限额，就需要祭献6000次），人们就会决定把钱花在什么供品上合适，可能会建造一座雕像，也可能会镌刻一则著名诗人的铭词。

可一名运动员就算再杰出，怎么能成为半神呢？特奥根尼斯死于公元前5世纪，但过了一段时间人们才建立起对他的崇拜。为纪念特奥根尼斯惊人的体育生涯，萨索斯人曾为他建立了一座雕像，但在他死后不久，这座雕像倒塌了，还砸到一个人——这人是特奥根尼斯的政敌，当时正在破坏雕像。在这种情况下，希腊人通常的做法是惩罚雕像，所以把它扔进了海里。然而，萨索斯的农作物在此后若干年内一直歉收，公民们就此去请示德尔斐的神谕，结果被告知他们不该一直忽视特奥根尼斯，而应把他当作英雄来崇拜。恰巧，他的雕像被一个捕鱼人从海里捞了上来，于是人们就此建立起对他的崇拜，萨索斯的收成也随之得到了改善。[2]特奥根尼斯的雕像矗立在城邦的中心位置，雕像底座留存至今。

这个故事遵循了运动员英雄化的一贯模式。比如，公元前756年获得单程赛跑冠军的奥伊巴塔斯来自阿凯亚的杜美，但阿凯亚人并没有给予他相应的荣耀，因此受到了他的诅咒。从此以后，阿凯亚人再也没有获得过奥林匹亚竞技会的胜利，直到他们在德尔斐为奥伊巴塔斯竖立了一座雕像。意大利南部城邦洛克里曾为

---

*　古希腊钱币，1欧宝相当于1/6德拉克玛。

攸西克勒斯建立了纪念雕像，以示尊敬，但后来他被指控行为不端，人们便破坏了他的雕像，饥荒随之而来，直到人们重新开始将攸西克勒斯当作英雄崇拜。

这些故事告诉我们，只有某些特殊的情况发生后，胜利者才能从凡人变为英雄。不过，这并不常见，所以也没有规律可循。运动员英雄化的第一个先决条件是，即使许多年过去，乡亲们依然能记得他获得过的伟大成就；第二个先决条件的出现较为随机，需要一个能直接或间接归因于他的偶然事件。在攸西克勒斯的同胞攸西莫斯的故事里，他的两座雕像在同一时间被闪电击中，一座在洛克里，另一座在奥林匹亚。

至于攸西莫斯的故事，真的完全就是神话传说了。第勒尼安海上的泰梅萨（或泰普萨）镇一直被奥德修斯一名同伴的鬼魂纠缠。据说，特洛伊战争结束后，奥德修斯踏上返乡之路，途中船只停在泰梅萨时，一名船员试图强暴一个当地女孩，被泰梅萨人用石头砸死了。几个世纪后（希腊人把特洛伊战争的时间定在公元前12世纪），泰梅萨的公民开始不明原因地死亡。许多人都死了，数量多到幸存者想放弃整座城镇。德尔斐的神谕告诉他们，要想安抚这个鬼魂，就得每年献给它一名年轻处女，作为它的妻子。攸西莫斯恰巧在第一次献祭发生之前来到泰梅萨。那是公元前472年，他刚刚在奥林匹亚竞技会上获得了自己在拳击比赛中的第三个胜利，正走在归乡的路上。他爱上了那个要被献祭的女孩，便与鬼魂搏斗，并战胜了它（鬼魂跳进了海里），从此与这位被救下的姑娘过上了幸福的生活。攸西莫斯的死亡也具有奇幻色彩：河神带他离开了人类世界，而他声称自己是河神之子。有了这样的故事背景，他显然成了一个被视作英雄的合适对象。然而，洛克里人并没有立即赋予他英雄的身份，直到那两道闪电击中他的雕像。[3]

特奥根尼斯和波吕达马斯

许多参加重型竞技项目的知名运动员确实体形庞大。特奥根尼斯主要参加拳击和古希腊式搏击项目，他惊人的巨型身材给人留下了深刻的印象，有人说他是赫拉克勒斯的儿子，有人说他一顿饭吃一整头牛都不够，还有人说见过他8岁时就举起了一座真人大小的铜像。

德尔斐的一则铭文写道，特奥根尼斯赢过1300场比赛（值得注意的是，有些还不是重型项目）。而根据帕萨尼亚斯的记载，他

这尊拳击手雕像的写实主义风格（遭受重创的脸、花椰菜一般的耳朵和缠着皮条的手）是希腊化时期（公元前323—前30年）艺术的典型特征。

古代世界最著名的运动员雕像之一——《休息的拳击手》，1885年被发现于罗马。

赢过1400场。即便在开启比赛生涯之前他并不富裕，可后来还是因此成为大富翁。在他的众多胜绩中，人们尤其记得他在奥林匹亚竞技会上同时赢得古希腊式搏击和拳击比赛的壮举。"这样的成绩前无古人。"他的铭文中夸赞道。从中我们又一次看到希腊人对"第一"的热爱。[4] 他甚至给自己的儿子起名为迪斯奥林匹斯，意思是"奥林匹亚双料冠军"。特奥根尼斯的成绩近280年无人打破，直到底比斯的克莱托马库斯取得与他相同的成绩。特奥根尼斯在尼米亚竞技会上获胜9次，在9场伊斯特摩斯竞技会中获胜了10次，据说他连续22年在拳击比赛中未尝败绩。除了重大的国际性竞技会，他在各种地方性竞技会中也获得了许多次胜利。他显然是一名游走于各项竞技会的职业运动员，只是在许多小型竞技会上，似乎没人敢与他对抗。不过，这些竞技会的组织者还是很高兴能请他来参加，因为他的出现肯定会吸引大批观众。

与特奥根尼斯的雕像一样，斯科图萨的波吕达马斯的雕像也被人认为具有治愈功能。他是一名古希腊式搏击运动员，在公元前408年的奥林匹亚竞技会上赢得了胜利。根据帕萨尼亚斯的记载，他是当时世界上最高的人。[5*] 波吕达马斯在力量比赛上取得的成绩堪称传奇：一次是在奥林匹斯山坡上徒手战胜了一只狮子；还有一次仅用单手就抓住了疾驰而过的战车，迫使它停了下来。波斯国王以自己最强壮的护卫向波吕达马斯发起挑战，波吕达马

---

* 古典时期希腊成年男子的平均身高是170厘米。

斯以一敌三,将对手全部杀死。他死于一次英雄式的自我牺牲:当时,他和朋友在一个山洞里喝酒,洞顶坍塌,波吕达马斯用自己的身体将其撑住,让其他人逃走,牺牲了自己的生命。在古希腊,个子高得出奇的人也会引发离奇的故事。

当时的社会没有报纸或其他可靠的信息来源,但人们想听关于英雄的故事,而特奥根尼斯和波吕达马斯的这类故事满足了公众的感官需求。当今时代,运动员(尤其是足球运动员)也会引发人们对英雄的崇拜,但现在人们对流行歌星的追捧可能更像古希腊人对运动员的态度,牵强附会、凭空捏造的奇幻故事便伴随着这种追捧而来。在嘲笑这些古老的传说之前,我们应该记得如今猫王的故居是许多人的朝圣之地,在俄勒冈州的波特兰还有一座猫王教堂。鲍勃·马利在牙买加的地位非常接近一位英雄在古希腊的地位。

克罗顿的米隆

意大利南部的克罗顿,是许多早期杰出奥林匹亚运动员的家乡。公元前576年,单程赛跑决赛的前七名全部是克罗顿人——当今任何一个国家如果能取得这个成绩都会非常自豪。在公元前508年到前480年的所有奥林匹亚竞技会中,只有一届的短跑冠军不是克罗顿人。由此产生了一句谚语:"克罗顿人的最后一名,在其他

下页图
在这幅图中我们可以看到教练正要鞭打两位古希腊式搏击运动员,因为他们做出了抠对方面部的犯规动作。

希腊人中也是第一名。"但奇怪的是,自公元前480年以后,再也没有克罗顿人在奥林匹亚竞技会中获胜。是否可能因为克罗顿开始向民主政体倾斜,故而不像从前一样尊崇贵族的娱乐方式和价值观?还是因为城邦以前资助运动员,甚至从下层阶级招募他们,但公元前480年后却决定把钱花在其他事务上?

米隆是最著名的克罗顿人,也是整个希腊世界最著名的运动员。据说,他曾扛着一头公牛在奥林匹亚体育场绕场一周,然后一天之内独自吃掉了它。他在食物上的开销惊人,每天要下肚大量肉食、面包和葡萄酒。他会站在一个涂了油的铁饼上,挑战看谁能把自己推下去;他会在头上绑一条绶带,然后屏住呼吸,靠自己暴起的血管把绶带撑断;他可以牢牢抓住一个石榴,他人不管如何抢夺也无法从石榴上扳开他一根手指,而且他还能保持这个石榴完好无损。他曾从一座即将坍塌的房子里救下了一群哲学家,以自己的身体作为支柱,直到所有人脱离险境。而他的死因据说是有一次他把手伸进一棵树干的裂口,想从中把它一分为二,但裂口夹住了他的手,使他无法脱身,最终令他命丧于狼群之口。[6]

米隆是一名摔跤手。约公元前540年,他在奥林匹亚获得了少年组冠军,后来又蝉联五六次成年组冠军。在他最后一次蝉联成年组冠军之后的那届奥林匹亚竞技会上,同乡的精明对手拒绝与这位年迈的摔跤手直接较量,而是将米隆拖到筋疲力尽,让他无法再一次获得胜利。大脑战胜了肌肉。但米隆立于奥林匹亚的雕像上的铭文写道:"这尊伟大的雕像代表了伟大的米隆,七届奥林匹亚冠军，他的膝盖从未触地。"[7]所以他可能仍获得了第六个成年组冠军，作为成年人能在奥林匹亚六次蝉联冠军，这是一项相当惊人的成就。米隆在其他大型竞技会上也多次获得胜利。与特奥根尼斯一样，他肯定也将大部分时间用在游走于不同的竞技会之间。他曾在五个奥林匹克周期内获得"大满贯"。米隆曾参加克罗顿与邻邦锡巴里斯的战争。上阵时，他戴上了自己在奥林匹亚竞技会上赢得的所有橄榄桂冠，身披狮皮、手持棍棒，装扮成赫拉克勒斯的模样。这时，他看起来已经很像一位英雄了，成了他的城邦的制胜法宝。

家族事业

特奥根尼斯既是一名拳击手，也是古希腊式搏击运动员（公元37年后，奥林匹亚竞技会的选手就不能同时参加这两个项目了，因为这是违法行为），而米隆是摔跤手。我们不知道他们勇猛的基因是否继承自父亲，又或者是否遗传给了儿子，不过在重型竞技项目中，家族的传承并不罕见，儿子经常追随父亲的脚步，例如斯巴达的希波斯提尼。公元前7世纪末，他已经获得了六次奥林匹亚摔跤冠军。公元前6世纪初，他的儿子埃提莫克勒斯在同样的项目中赢得了五次冠军。公元2世纪，马可·奥勒留·阿斯克莱匹亚德斯达到并超越了父亲获得的四个冠冕竞技会古希腊式搏击冠军的成就。但最著名的还是罗德岛的迪亚格拉斯家族。

迪亚格拉斯也是一名重型项目选手，据说他体形巨大，在所有大型竞技会和许多小型竞技会上都获得过冠军，包括公元前464年的奥林匹亚拳击比赛，是一位"大满贯"选手。迪亚格拉斯的长子达玛哥特斯赢得了公元前452年的奥林匹亚古希腊式搏击项目，并在公元前488年又赢了一次，而且同一天，他的弟弟阿库西劳斯也获得了拳击比赛的胜利。他们把父亲扛在肩上，穿过人群。观众朝迪亚格拉斯抛撒鲜花，因两个儿子的获胜而为他庆贺，甚至有一名观众喊道，迪亚格拉斯就算死在今天也不会有任何遗憾了。[8]

但后面还有更多美好的日子在等着迪亚格拉斯。他的家人把所获奥林匹亚冠冕的数量提升到了9个。他的小儿子多里欧斯，在公元前432年到前424年连续三届奥林匹亚竞技会上，蝉联了古希腊式搏击项目的冠军。后来，他的一个外孙获得了成年组拳击比赛冠军，另一个外孙则获得少年组拳击比赛冠军。后面这位叫佩西霍多斯，其实我们之前就认识了，他母亲是迪亚格拉斯的女儿，除了德墨忒尔的女祭司，她是唯一一个观看过奥林匹亚比赛的成年女性（见第18页）。

多里欧斯不应只作为迪亚格拉斯的儿子而被人们铭记，因为他的成就远远超越了父亲和兄长：他曾获得三次奥林匹亚竞技会冠军、四次皮提亚竞技会冠军、四次泛雅典娜节冠军、七次尼米亚竞技会冠军、八次伊斯特摩斯竞技会冠军，在各个地方性竞技会上的胜利更无须赘言，而且他是在希腊运动项目中最激烈、最艰难的一个上取得了成功。多里欧斯是希腊有史以来最伟大的运动员之一，在整个希腊世界家喻户晓。

脑力还是体力

比起轻型竞技项目，运动员家族似乎更容易在重型项目中收获连续几代人的胜利。这可能是因为我提到过的基因因素，而且体重更大的运动员在拼耐力的较量中也具有更大优势。与此相比，发生在跑步运动员身上的传奇故事就不太多。尽管如此，希腊人敬仰那些会娴熟地运用肌肉的运动员（例如特奥根尼斯和米隆），也欣赏那些纯技巧型的运动员。

西西里岛的狄奥多罗斯在公元前1世纪讲述了一个关于雅典运动员狄奥克西波斯的故事，他是公元前336年奥林匹亚竞技会古希腊式搏击项目的冠军。狄奥克西波斯是亚历山大大帝宫廷的一员，曾随军东征。许多运动员和音乐家都会陪亚历山大出行，以便他不时举办比赛来娱乐军队。东征的11年间，亚历山大举行了14次这样的比赛。以下事件发生在今天的巴基斯坦，尽管当年对希腊人来说，那里是"印度"的一部分。

当亚历山大的伤逐渐痊愈，他向神献祭，感谢诸神拯救了自己的生命，并为朋友们安排了大型宴会……受邀的宾客里有一名马其顿人，叫卡拉格斯。此人身形强壮，时常在战场上表现得非常优秀，使自己脱颖而出。宴会上，在酒精的作用下，他向狄奥克西波斯发起挑战，因为狄奥克西波斯是在最著名的竞技会上得过冠军的雅典运动员。宴会上的其他宾客自然煽动两人决斗，而狄奥克西波斯也接受了挑战。亚历山大选定了比赛日期。决斗当

天,成千上万的人前来观看。马其顿人和亚历山大支持卡拉格斯,因为他是他们中的一员,而希腊人支持狄奥克西波斯。

那位马其顿人全副武装来参加决斗,而那位雅典人则赤身裸体,全身油光,只带了一根长度中等的棍棒。两人都非常健美、非常强壮,所以即将发生的战斗被人们看作神与神之间的战斗。由于马其顿人的体格和锃亮的盔甲让人心生畏惧,所以他被认作战神阿瑞斯的形象;而狄奥克西波斯力量惊人、接受过良好的体育训练,并选择一根棍棒作为武器,所以被看作赫拉克勒斯的形象。

两人互相逼近,马其顿人掷出了标枪,但两人之间仍有相当一段距离,雅典人只微微侧身,就安全躲过了标枪。马其顿人手持长矛行进,但他一靠近,雅典人就用手中的棍棒把长矛打断了。接连两次失利,马其顿人转而拿出剑,正要拔剑时,雅典人突然发动袭击,左手抓住马其顿人正在拔剑的右手,同时用右手将对手逼得失去平衡,跌倒在地。马其顿人一跌倒,雅典人就跨在他身上,用脚踩住他的脖子,举起棍棒,满怀期待地望着观众。[9]

比赛接近尾声时,狄奥克西波斯使用了古希腊式搏击中的经典动作——绊倒对手,并在对手跌倒时折磨他。但这个故事有着悲惨的后续。亚历山大军队中的马其顿人对这位雅典人的胜利颇为愤恨,便栽赃狄奥克西波斯,说他是个小偷。这位雅典人出于

古代摔跤手有很多技巧。这位处于上方的摔跤手正用腿钩住对手,想把他翻倒。

一名正在跳远的运动员,还没扔掉他手中的重物。裁判正拿着专用长棍评估跳远的有效性及距离。

屈辱自杀了。可惜后来没有降下雷击帮他洗清冤屈。

小结

在每一个人类奋斗过的领域，最杰出者的人生和事业并不能准确反映这个领域的整体情况。奥林匹亚竞技会之所以成为古代世界最伟大的体育盛会，并不是因为有少数优秀的运动员，例如特奥根尼斯和米隆的存在，而是因为有成千上万没那么有天赋的运动员在几个世纪间倾尽一切去追求胜利的荣耀，但他们中大部分人的名字已经消失在历史的长河里。然而，这些明星和英雄让我们看到了奥林匹亚和其他竞技会在运动员和粉丝中引发的狂热。在古希腊，运动员、演员、歌手争相成为众人瞩目的焦点，但其中只有运动员能上升到超越人类的地位。

粉丝对体育运动的热情可以带来极大的欢愉，也会引发恶行。公元6世纪初，拜占庭帝国首都君士坦丁堡发生了与战车比赛有关的派系斗争，致使数千名市民死亡，城市的一大部分遭到破坏。1969年，洪都拉斯和萨尔瓦多足球队的球迷之间发生斗争，这在当时高度紧张的政治形势下成为两国战争的导火索。下一章我们将看到，在古代竞技会的背景下，粉丝的派系之争有时反映了城邦之间的对立关系，毫无疑问，这更加危险，因为体育比赛无法完全摆脱政治因素的影响。

******
奥林匹亚与政治

奥林匹亚本应是一个中立的地点，希腊贵族在这里可以平等相见。这是竞技会的传统，早在竞技会设立之初就已确立。但好景不长，平等成了理想，不再是现实。如果奥林匹亚竞技会的重心在于个人成就，那这个理想就仍可实现，可一旦各个城邦开始把比赛视作互相对抗的工具，便不可避免地会把敌友关系带进来。此外，由单个城邦——通常是伊利斯——掌握奥林匹亚的控制权，也经常会引起政治层面的暗流涌动。伊利斯人谨慎地确保自己的公民在裁判时不偏不倚（见第94页），但他们无法否认自己的城邦也是各种商业和政治网络（接纳或排除其他希腊城邦）的一部分。各希腊城邦认可并用包括发起战争和参加奥林匹亚竞技会在内的各种手段维护的等级秩序，形成了竞技会表面下的暗流。来到奥林匹亚的希腊人认可彼此的亲缘关系，但也无法忽视这里的不平等。同样的敌对气氛也渗透进了其他大型竞技会。

和睦——奥林匹亚理想

一些知识分子把奥林匹亚当作呼吁团结与和睦的平台。大量希腊观众的到来，让奥林匹亚成为发布重要政治声明的完美地点。例如公元前324年，亚历山大大帝想颁布那道臭名昭著的《流亡者法令》（Exiles Decree，命令希腊城邦召回所有因政治或其他罪行被放逐的公民）时，就派代表前往奥林匹亚发布了这一公告。两万名流亡者挤在普通群众中，听到了对自己命运的安

典型的纪念运动员成就的铭文。底座上本来矗立着运动员的雕像。数百尊这样的纪念雕像为奥林匹亚增添了光彩。

排,既为即将返乡感到欣喜,也知道这将给自己的城邦带去严重的经济和政治问题。

吕西亚斯是当年最有才华、最著名的演说家和演说词作家之一。公元前388年,他在奥林匹亚发表了一场演说,演说词几乎没能流传下来,但其主旨是希腊人应该彼此言和,共同推翻叙拉古僭主狄奥尼修斯一世的统治。当时,狄奥尼修斯一世正在强势扩张他的帝国,并亲自出席了奥林匹亚竞技会。出生在叙拉古的吕西亚斯,把希腊人的团结视作攻击共同敌人的手段,而不仅仅是一种目的。他的演讲显然具有强烈的煽动性,某些被他打动的观众甚至前往狄奥尼修斯的帐篷实施抢劫。这显然与今天我们概念里的希腊团结有所不同,毕竟狄奥尼修斯跟吕西亚斯一样是希腊人。

另外两位著名演说家也在奥林匹亚发表过提倡团结的演说。雷昂底恩(位于西西里岛)的高尔吉亚(于公元前408年发表演说)和雅典的伊索克拉底(于公元前380年撰写的一本宣传小册的内容看起来是一篇在奥林匹亚发表的演说,被称作《泛希腊集会辞》)都呼吁希腊人停止争斗,团结一致对抗波斯人。他们可能希望希腊人像公元前480年抵抗薛西斯领导的波斯人入侵时那样,建立军事联盟,因为没有什么比这种联盟更持久稳定了。高尔吉亚的演说只有几句话流传至今,但那次演说想必令人印象深刻,因为后来他的侄孙被允许为这位演说家在奥林匹亚竖立一座雕像,刻有铭文的雕像底座留存至今。或许,他的侄孙之所以能获得许可，只是因为高尔吉亚是希腊世界最有名的演说家，因此代表了奥林匹亚赞颂的那种成功。

这些团结呼吁看起来更偏实用主义而非理想主义，不过至少方向是正确的，奥林匹亚是非常适合为此类事务发声的地点，因为在早期，"不管身在何处，所有希腊人都拥有共同价值观"的概念，便是在这里被赋予了实际形式。公元前480年与波斯人的战争，使希腊人空前团结——由于只有31个城邦联合抵抗了敌人，所以这种团结的意义不是从数字角度来说的，而是说战争深化了希腊人的民族共同体意识。奥林匹亚是希腊人见面和互动的主要地点，这种共同体意识自然在这里得以表达。

似乎在公元前476年，奥林匹亚设立了一个国际工作组，由来自各城邦的杰出人才组成，由于参与的城邦很多，所以这些人被认为是"希腊人"的代表。他们的工作职责是在城邦间发生战争之前进行仲裁与调停。考古学家发掘出两则记录了这个工作组裁决案例的铭文，但由于只有这两个案例，所以成立工作组这项试验可能比较短命。不久之后，交战的希腊城邦拒绝承认工作组的权威，不再把冲突提交给他们仲裁。

尽管工作组失败了，但这种调停冲突的精神在阿尔提斯的一块刻了字的铜板上有所体现，上面约定雅典和斯巴达这对宿敌要从公元前445年开始维持30年和平。和约的目的是防止两个城邦之间的冷战升级，把希腊世界的其他地区拖入战争。公元前431年开始的伯罗奔尼撒战争标志着这项和约的破裂，但至少团结和睦的精神在奥林匹亚仍被认为是一种理想，并作为一种可能为后代留存了下来。

艺穗节

除了作为宣扬崇高政治理想的平台，奥林匹亚还是老师和知识分子传播思想、吸引学生的地方。公元前5世纪末，这类人中最为人熟知的是《奥林匹亚冠军录》的作者希庇亚。他住在附近的伊利斯，所以可以不费周折地参加每一场竞技会，而且他经常借此机会谈论各种话题，回答听众的问题。柏拉图在以希庇亚命名的对话里，让苏格拉底温和地嘲笑了这位智者宣传自己多才多艺和博学的方式：

【苏格拉底对希庇亚说】你说你有一次去奥林匹亚竞技会，身上没有一件东西不是你自己制造的。你首先说你的戒指是自己造的，称自己会雕刻戒指，不仅如此，其他首饰也一样，还自制了刮身板和油瓶。你说你穿在脚上的这双鞋是自己草草编制的，斗篷和长袍也是自己织的。你还说虽然你束袍的腰带是昂贵的波斯样式，但也是你自己编织的。这还不是全部。你说你带来了史诗、悲剧、酒神颂歌，以及风格各异的演讲词。你说你不仅在我刚刚提到的这几个领域技能杰出，还精通节奏、音调、正字法和许多其他事情。[1]

宙斯之妻赫拉，是赫拉节（在奥林匹亚举行的女子竞技会）的守护女神。

如果不包括那些高谈阔论的知识分子,我们对奥林匹亚竞技会的认识就不全面。那里总有某种形式的娱乐活动:荷马史诗的吟诵会,城邦发布公告宣传近期的成就,哲学家甚至科学家鼓吹新的思想,艺术家通过各种途径展示自己的作品以期待找到赞助人。哈利卡纳苏斯的希罗多德可能就在公元前5世纪20年代当众诵读过自己所写的关于希波战争的段落。公元前388年的奥林匹亚竞技会上,叙拉古僭主狄奥尼修斯一世让人朗诵了几篇自己的诗作,却遭到了观众的嘲笑与嘘声。也是在这届奥林匹亚竞技会上,吕西亚斯煽动观众抢劫了狄奥尼修斯的帐篷(见第164页)。当时狄奥尼修斯是欧洲最有权势的人,但他的奥林匹亚之旅可不大愉快。如果你愿意,可以把奥林匹亚竞技会当成艺穗节看待。

再谈希腊性

奥林匹亚竞技会培养了一种共同的希腊意识,因为它只允许经过认证的希腊人参加。实际上,这种"认证"(我们不确定以什么形式进行)从公元前5世纪的某个时间才开始,原因有二:第一,那个时候奥林匹亚竞技会已经吸引了希腊大陆和大希腊地区以外的观众,其中的一些人肯定需要接受身份审查;第二,希腊人在希波战争中的胜利,使他们对自己的身份产生了优越感,在心中把至高无上的自己与劣等的"蛮族"*区分开来,而且在奥林匹

---

* 不说希腊语的人讲话时的发音在希腊人听来都是"bar-bar-bar"。

亚竞技会的背景下，希腊身份受到认可，这让他们更加骄傲。

话虽如此，我们却并没有听说哪位运动员因为不是真正的希腊人而被逐出场外。虽然公元前5世纪初马其顿的亚历山大一世说服奥林匹亚官员相信自己是希腊人的故事基本可以被认定是假的，[2] 但后来还有一位马其顿国王——腓力二世被允许参加公元前4世纪中期的比赛，还在公元前356年赢得了赛马胜利，所以没过多少年，其他马其顿贵族也被允许参加比赛了。马其顿人显然不是纯正的希腊人，说着其他希腊人几乎无法理解的奇怪方言，而且只在表面上接受希腊文化，实际仍保留了自己的传统。而从公元前2世纪开始，罗马人也可以参加奥林匹亚竞技会了。

因此，我们不清楚希腊人在排斥"蛮族"这件事上有多认真。不过，相对而言，他们在这方面还是保持了统一标准：即使他们自己与蛮族人的区别并不总是泾渭分明，希腊性仍是竞技会的核心，并被反复重申。在罗马人参加比赛以前，不管怎样，每届竞技会上裁判都要核查参赛者的种族。

对希腊团结与奥林匹亚和睦的更大威胁来自别处：事实上，奥林匹亚总是不可避免地处在某个城邦的控制之下。如前文所述，这个城邦通常是伊利斯，但其他城邦也短暂地拥有过奥林匹亚的控制权。早期，奥林匹亚竞技会并不太需要组织，但少量的组织

下页图
公元前6世纪末对摔跤手形象的描绘，这也是展示运动员身着缠腰布的形象的年代最晚的图像资料之一。不过在这个时期，奥林匹亚的运动员已经是裸体参赛了。

工作似乎也握在了伊利斯人手中。然而，公元前650年左右，在阿尔戈斯国王的帮助下，附近的比萨人把控制权夺了过来，他们烧掉房屋，毁坏并埋掉了旧的祭品，重建了这个地方。公元前6世纪早期，伊利斯人又夺回控制权，然后也对这片区域进行了"大扫除"，例如将赫拉神殿推倒再重建（新神殿的巨大规模凸显了伊利斯人对奥林匹亚的控制权）；在体育场里为观众修起路堤；重新修缮珀罗普斯祭坛；首次开发阿尔提斯南部，以及修建新的行政建筑。

伊利斯人的控制持续了一段时间，在他们的监管下，奥林匹亚竞技会繁荣发展，成为希腊文化的重要组成部分。就算伊利斯人在公元前5世纪最后几年的战争中受到斯巴达人的重创，不得不割给对方大量附属领土，但还是获准保留了这块圣地。斯巴达人本想把奥林匹亚的控制权交给当地另外某个城邦，但最后发现附近没有其他城邦（即使是比萨）能胜任组织举办竞技会的工作。斯巴达的影响力依然强大，但公元前371年，斯巴达人的势力在战争中被大大削弱，*阿卡迪亚人取而代之，掌控了圣地。公元前4世纪60年代末，控制权又回到伊利斯人手中，他们再次大兴土木以彰显自己的权力。此后，奥林匹亚一直处于伊利斯人的管理之下。不过，自公元前338年征服希腊后，马其顿的国王就能把自己的意愿强加给伊利斯人了（如果他们选择这么做的话）。后来的罗马统

---

* 这一年斯巴达人在留克特拉战役中大败于底比斯。后来，底比斯人加强了阿卡迪亚人的权力，以制衡他们在伯罗奔尼撒半岛的斯巴达邻居。

治者也是如此。

尽管奥林匹亚竞技会面向所有希腊人，但从未处于某个由多个希腊城邦的成员组成的委员会管辖之下，当时也没有类似今天国际奥委会的组织，因此，奥林匹亚竞技会在某种程度上注定受制于其管理者的政治地位。许多希腊城市都有"城市外圣地"，离城区有一定的距离，但位于城市自认的管辖范围内。奥林匹亚实际上就是伊利斯的城市外圣地。伊利斯人为奥林匹亚输送了所有官员；在奥林匹亚建立了自己的行政建筑；宣布了神圣休战；修建了那些最重要的体育设施和宗教建筑，尤其是宙斯神庙；承担了节日经费，自负盈亏；在奥林匹亚铸造了伊利斯钱币；在阿尔提斯展示了伊利斯条约和法律的副本，上面的文字通常是他们自己的方言；重新布置了供品，把多余的埋掉，并有权拒收供奉。这一切都宣示着伊利斯人对这片圣地的所有权。

因此，奥林匹亚既是所有希腊人集会的地方，也是某个特定城邦——有着自己的利益、同盟和政治倾向——向世界展现自我的地方。这种双重身份势必造成紧张的局势。我们之前已经提到，伊利斯裁判的公正性可能受到质疑，但还有更严重的后果，那就是有时伊利斯的政治敌人会被禁止参加比赛。

现代奥运会上这种现象也很常见，其中最著名的事例包括两次世界大战后对德国的禁赛，还有1964—1992年因种族隔离制度对南非的禁赛。公元前420年，斯巴达人因违背神圣休战协定而被罚款，但他们拒绝缴纳，并提出上诉。伊利斯人驳回其上诉，禁止他们参赛,并在阿尔提斯部署了武装护卫,防止斯巴达人在那里祭祀。不过,这件事发生的根本原因其实不是所谓的拖欠罚款,而是伊利斯当时刚与斯巴达的死敌雅典结盟。[3]

有个名叫利卡斯的年长、优秀、勇敢的斯巴达人,认为自己拥有一支驷马战车赛的冠军队伍,便假借底比斯公民的身份成功参加比赛。然而,当他的队伍获胜后,利卡斯站出来承认自己是斯巴达公民。伊利斯人鞭打了利卡斯,把他逐出奥林匹亚,并将其胜利记到了底比斯名下。

此类情况持续出现。数年后,斯巴达国王阿基斯二世被禁止向宙斯献祭,因为他想在献祭的时候祈祷在与雅典的战争中获得胜利。伊利斯官员打断了他,宣称(或似是而非地挑衅说)根据奥林匹亚的传统,希腊人不应为战胜其他希腊人而祈祷。之前提到的那场公元前5世纪末斯巴达人攻打伊利斯的惨烈战争,就是在直接清晰地回应伊利斯人在公元前420年对斯巴达的禁赛、对利卡斯的羞辱和对阿基斯的阻挠。斯巴达人战胜伊利斯人后,奥林匹亚竖立起一座利卡斯的雕像,以纪念他在公元前420年的胜利——尽管伊利斯人始终拒绝承认。[4]

公元前420年的竞技会,不是唯一一届因希腊内部冲突而受到严重影响的奥林匹亚竞技会。阿卡迪亚人掌握奥林匹亚的控制权后,把公元前364年的竞技会管理权交给了比萨人(比萨人宣称他们是竞技会最初的管理者),后者在阿尔提斯部署了武装安保。竞技会的第二天,"赛马和五项全能的前四项比赛已经举办完毕",伊利斯人和同盟发起了进攻。[5]我们可以想见,观众当时有多恐慌:奥林匹亚从未建立防御工事,因为伊利斯人相信自己是神圣不可侵犯的。不过,这场战斗没有分出胜负,阿卡迪亚人连夜加强了阿尔提斯的防御,抵挡了第二天伊利斯人的第二轮攻击。然而没过几个月,阿卡迪亚人就在国际外交压力下放弃了奥林匹亚的控制权,并将其还给伊利斯人。由于伊利斯人不是公元前364年奥林匹亚竞技会的管理者,他们宣布那届竞技会不是真正的奥林匹亚竞技会,因此无效,并从官方档案上删除了相关记录。

在政治对奥林匹亚竞技会造成的伤害中,这可能是最不堪入目的一次。古代奥林匹亚竞技会的历史上还有一个独特事件,即公元前80年的第175届奥林匹亚竞技会被取消了。几年前,罗马将军路西乌斯·克奈里乌斯·苏拉为了筹措战争费用(包括攻打雅典),将奥林匹亚洗劫一空,导致竞技会无法举行,只有少年组单程赛跑项目得以继续。凯撒利亚的历史学家尤西比乌斯悲痛地写道:"人们没有比赛,因为苏拉把一切都带到了罗马。"[6]接下来的两届竞技会如期在奥林匹亚举行,但并没有恢复往日的人气。好在苏拉为自己的行为感到后悔,并安排让奥林匹亚获得了一大片公共农田的收入,有助于事态逐步好转,使奥林匹亚竞技会得以复兴。

如果能获得更好的证据,我们肯定能发现更多微小的政治因素对竞技会造成较大影响的情况。例如公元前332年,一位名叫卡利普斯的雅典五项全能选手由于试图贿赂对手而被罚款，雅典人坚信这位选手受到了陷害，于是让他们最优秀的演说家希佩里德斯去奥林匹亚委员会面前劝说他们放弃指控。伊利斯人拒绝了，雅典人便开始抵制竞技会。我们不确定这次抗议持续了多久，甚至可能在公元前328年之前就结束了，不过这件事表明，对比赛的威胁或抵制不只是现代人的专利。

没有生命的物体会说话

多亏了帕萨尼亚斯和考古学，我们才对阿尔提斯的布局，如建筑物、其他设施、雕像和大型祭品的位置，有了较为清晰的认知。显然，从祭品的位置和供奉人的身份来看，伊利斯人更偏爱盟友而非敌人，但即便是敌人，伊利斯人也会对大城邦的请求做出正面回应。这些没有生命的物体常常可以向观众传达或隐晦、或清晰的政治信息。

奥林匹亚是庆祝胜利的地方，无论是军事上的还是体育上的。希腊人对"蛮族"的胜利以及希腊人对希腊人的胜利，都在这里被纪念着。战利品或雕像被供奉至此，以纪念某次军事胜利。供品上刻着描述了胜者和输家的详细信息的铭文，这种铭文可能被特地设计来羞辱输家，例如公元前456年，斯巴达人在宙斯神庙东面的山形墙上挂了一面金盾牌，以纪念他们在与雅典及其同盟的战争中取得胜利，上面的铭文讽刺地把这面盾牌形容为来自对手的"礼物"。这种做法传达的信息很明确。为了给日后的供奉品腾出空间，伊利斯人会定期清除价值较低的小供品。通过奉献一面金盾牌代替奉献从敌人手中俘获的真盾牌（这是通常的做法），斯巴达人巧妙地避开了伊利斯人的这个习惯。

因此，这面盾牌和铭文留存了很多年，几十年后甚至还被斯巴达人的敌人美塞尼亚人利用上了。美塞尼亚人委托曼德雕塑家帕奥纽斯建造了一座胜利女神像，以纪念他们于公元前5世纪20年代对战斯巴达人取得的胜利（见第25页）。这座雕像矗立在一根高耸的廊柱上，正对斯巴达人的金盾牌。因此，只要这些纪念物留在那里，美塞尼亚人的胜利女神像就高于斯巴达人的盾牌，给斯巴达人那次罕见且令人震惊的失败带去更多耻辱。毫无疑问，伊利斯人把这个位置安排给胜利女神像时，很清楚美塞尼亚人的意图：那段时间正是伊利斯与斯巴达的关系迅速恶化的时期，不久后斯巴达就在公元前420年的奥林匹亚竞技会上遭到禁赛。

尽管奥林匹亚本应是希腊人平等相见的地方，却不一定能给人们带来温暖的感觉。通过雕像，这里保存了许多记忆，但不全是快乐的记忆。地方性的身份认同可能与希腊共同体意识一样得到了深化。从来没有哪座纪念物是因任何一个泛希腊同盟共同抵抗外敌而建的，因为这种事从未发生。即便是阿尔提斯最大的建筑、敬奉诸神之父的宙斯神庙，也是为纪念希腊人与希腊人之间的冲突，为伊利斯人战胜比萨人而建造的。伊利斯人还竖立了一座9米高的巨大宙斯铜像，以纪念他们在公元前4世纪60年代末对战阿卡迪亚人的胜利。我们还知道有纪念物被用来庆祝麦加拉战

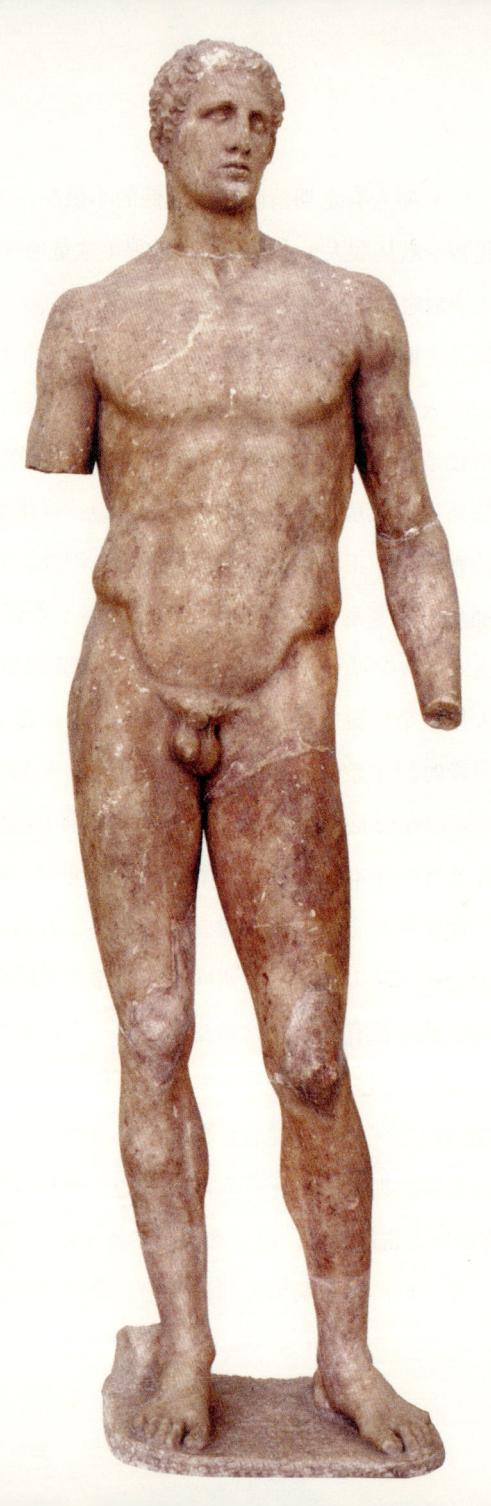

胜科林斯、洛克里战胜克罗顿、梅塞那战胜斯巴达、西锡安战胜雅典、叙拉古战胜阿克拉加斯——不胜枚举。

竞技会期间，这些纪念物会加剧城邦之间的紧张关系，地方性的忠诚也会进一步激化这种紧张。来自同一个城邦的观众很有可能会聚集在一起，为同乡选手的胜利和异邦选手的失败而欢呼，其他城邦的观众自然也会这么做。当传令官宣布参赛者与冠军的名字和所属城邦时，观众就又获得了大声展示地方主义的机会。

然而，到公元前5世纪末，正如我们在斯巴达国王阿基斯二世的事例里看到的那样，伊利斯人似乎做出了一些努力，试图终止庆祝希腊内斗的习惯。纪念体育胜利的雕像取代了纪念军事胜利的雕像，但希腊人仍然找到了蔑视敌人的隐晦方法，例如斯巴达运动员的雕像或多或少会被伊利斯运动员的雕像包围，但这类情况逐渐减少。公元前3世纪，尽管是在马其顿人的统治下，希腊人在政治上还是变得更加团结，不尊重邻邦的冲动行为也逐渐消失了。

公元前337年，马其顿的腓力二世为希腊城邦组建了联盟，并安排该联盟在四个冠冕竞技会的场地轮流举行全体会议。权力不再被喜欢彼此争斗的各希腊城邦掌控，国际性和睦可以成为真正的目标。人们不再将体育竞技视为展示政治优越性的方式，而越来越重视其娱乐方面的作用。不过，各城邦及其支持者和来自不

法萨卢斯的阿吉阿斯（古希腊式搏击运动员，公元前484年奥林匹亚竞技会冠军）的雕像，是典型的理想化的、非写实主义的纪念雕像。

同城邦的运动员之间的针锋相对，无疑在很大程度上影响了奥林匹亚竞技会的早期历史。斯多葛学派哲学家爱比克泰德曾提到，吵闹是奥林匹亚竞技会诸多令人不适的方面之一。竞技会期间的奥林匹亚很可能充斥着吵闹声以及为各自城邦加油的吼声，肯定也少不了肢体冲突。城邦之间的敌意渗进了体育场和赛马场。

✱ ✱ ✱ ✱ ✱ ✱
衰落与复兴

史料残缺是全方位了解古希腊历史的一个主要障碍。就奥林匹亚竞技会而言，帕萨尼亚斯和菲洛斯特拉图斯是最重要的两个文字记录来源，但这两人都是罗马时期的作家，所以我们很难判断他们对比赛项目和运动技巧的描述是否适用于更早的时代，或者他们在何种程度上提出了视角独特的观点。在其他希腊文本中，对奥林匹亚竞技会的讨论经常是题外话，而不是作者关心的重点。因此，我们迫切需要考古学、铭文和陶瓶画中的证据。此外，马其顿人征服东方后，历史学家和作家的注意力也不再集中在希腊的事务上了。公元前146年罗马完全征服希腊后，这种情况更甚。作家们自然而然地将注意力转移到东方的国王和罗马的大事上，不再重视希腊那一潭死水了。

这给记录古代奥林匹亚竞技会的历史带来了非常糟糕的后果。尽管在马其顿人和罗马人征服希腊后，竞技会持续举办了几个世纪，并仍然很受欢迎，但我们掌握的信息却随着时间的推移越来越少。这几个世纪里最重要的资料来自考古学。记录显示，奥林匹亚持续吸引着富人和权贵的注意力，伊利斯人依然有钱可花。人们建起新建筑，修缮老建筑，不过更侧重于修建体育设施而非宗教建筑（可能是因为宗教建筑以前已经修完了）。大希律王赞助了公元前12年那届竞技会的全部费用。公元2世纪，富有的雅典银行家希罗德·阿提库斯出资修建了供水设施，用一道引水渠从约四千米外的一汪泉水中引来活水，阿尔提斯有史以来第一次有了充足、易得的水源。尼禄皇帝也是一位赞助者。这些只是奥林匹亚得到的捐赠中的一小部分。

显然，在共和国晚期及帝国早期，罗马人和其他人仍关心、维护并改善奥林匹亚圣地和竞技会——尽管赞助者的出发点不一定单纯，更多是想提升个人声望，让自己的名字与奥林匹亚这样著名的圣地有所关联。罗马人尊崇、吸收、支持希腊文化几乎所有的方面。不过，奥林匹亚好像越来越容易遭遇洪水，因而水质浑浊，这也许在一定程度上意味着人们在这一点上对此处疏于打理。而且在公元前的最后几个世纪中，这里供奉的雕像数量逐渐减少。这是否表明参赛者已渐渐失去兴趣？还是希腊人已经过于贫穷了（罗马人的征服让希腊变得贫穷）？抑或只是流行风向的转变？

此外，据目前所知，自公元前1世纪初开始的至少250年间，我们所知道的马术比赛冠军（不过这期间有很多记录空缺）除了偶有罗马显贵外，其余全部来自伊利斯。公元1世纪的几届奥林匹亚竞技会甚至可能把马术比赛全取消了，无论如何，我们所知的获胜者极少。这可能说明来自其他地区的马主人已经无力承担去奥林匹亚参赛的费用，但他们也可能只是去参加其他竞技会了。从希腊大陆东海岸乘船到奥林匹亚的旅行者，需要绕过伯罗奔尼撒半岛东南端的马里亚角，古时候那里一直是非常危险的航海地段。航行去小亚细亚更容易，当时那里已涌现出不少声名远播、奖赏丰厚的竞技会，希腊大陆上也产生了新的大型竞技会。

下页图
建造于公元3世纪60年代的防御墙的部分残迹。
防御墙的材料重复利用了其他建筑的石块。

整体而言，似乎没有充足的理由证明奥林匹亚竞技会在公元2世纪末以前已经呈现出明显的式微之态，事实上，公元2世纪还有过蓬勃发展之势。但豪华壮丽的阿尔提斯（富有的罗马人花费了大量金钱装饰此地）本身或许已经比体育竞技更吸引人了。无论如何，参观者仍络绎不绝。公元165年的第236届奥林匹亚竞技会期间，一名知识分子做出了可能是竞技会历史上最具戏剧性的行为。佩里格林努斯是一位犬儒主义哲学家、前基督徒，以流浪行乞为生（正如一个真正的犬儒主义者应该做的那样）。在前一届奥林匹亚竞技会上，他宣布想在葬礼的柴堆上自焚，以抗议堕落的世界。他确实这样做了，还列出了自杀的理由，显然是想为自己的演说吸引更多观众——就那次演说和后来的自杀行为而言，奥林匹亚竞技会仍然是可以让他获得最多现成观众的场合。[1]

狄奥·克里索斯托（姓氏的字面意思是"巧舌"）是他所处时代中最著名的演说家。公元1世纪末，他认为在奥林匹亚发表一场演说非常值得。公元1世纪60年代，尼禄在奥林匹亚满足了自己的虚荣心。生活于公元2世纪的帕萨尼亚斯把《希腊志》五分之一的篇幅献给了奥林匹亚，知道这会受到读者欢迎。很可能帝国早期的奥林匹亚成了一个更适合参观的地方。人们在那里看到的运动员可能比他们的前辈更专业，也能从世界各地的竞技会中得到更加丰厚的奖赏，最受罗马人欣赏的重型竞技项目运动员尤甚。对传统的注重确保了竞技会大体上与过去保持一致，但更加优雅、卫生（罗马人热衷于修建浴室），也更休闲（竞技会举办期从五天延长到了六天)。

然而,奥林匹亚竞技会在公元2世纪末以后就走向了衰落。人们无力修缮某些建筑,许多雕像被移除,参观者也越来越少。奥林匹亚竞技会仍能给参赛者和胜利者带来荣耀,但威望已不复从前,圣地渐显凋敝。比起密特拉神(古波斯的光神)、伊西斯神(古埃及的母亲神),甚至新神耶稣,希腊的异教神也不再像以前那样有吸引力。我们甚至不能确定竞技会在每个奥林匹克周期都能照常举行。唯一的重大建筑工程是在约公元3世纪60年代首次建造的防御工事,为防哥特人入侵,且工程所需的石块等材料是通过拆除阿尔提斯其他建筑获得的。

到公元4世纪下半叶,全地中海世界的竞技会都停办了。这也许是因为人们不再有兴趣负担这些活动的花费,而各城邦在其他方面有更大的财政需求。公元393年,罗马皇帝狄奥多西一世正式下令停办竞技会,可能又过了几十年,他的法令才得到切实的执行,但那时奥林匹亚竞技会的境况确实已岌岌可危。最后的重创来自公元6世纪的一场地震,宙斯神庙因此毁于一旦。虽然倒塌的石柱仍给参观者提供了戏剧性的视觉效果,但这座标志性的神庙没能被重建,这意味着古代奥林匹亚竞技会已经退出了历史舞台。奥林匹亚圣地被改造成了一个基督教村庄,曾经雄伟辉煌的建筑只剩下残骸,成了居民的建设材料。

下页图
虽然在地震中倒塌了,但宙斯神庙的石柱遗迹仍然证明着其当年的宏伟与辉煌。竖立着的石柱是现代重建的。

男爵的理想

现代奥运会在19世纪末的复兴要归功于一个人的理想。皮埃尔·德·顾拜旦（1863—1937）男爵来自法国，衣冠楚楚，留着漂亮的小胡子。他欣赏托马斯·阿诺德倡导的英式教育，也就是我们在《汤姆·布朗的求学时代》(*Tom Brown's Schooldays*)里看到的那种追求体育与智力相结合的教育，当时的教育家认为这传承了古希腊的价值观。他们透过滤镜看待古代的奥林匹亚竞技会，把体育比赛看作培养有天赋的业余者的理想方式，但我们知道这不完全正确。他们的愿景，或者说顾拜旦的愿景，持续了很长时间，直到1988年，职业运动员（靠运动技能赚钱的人）才被允许参加奥运会，并且要受到各个项目管理机构的谨慎监管。几十年过去，才让几乎每个项目的管理机构都允许职业运动员参加奥运会。

顾拜旦是一名理想主义者，相信古希腊世界已经见证了头脑与肌肉的完美结合，美德可以从中自然而然地产生。虽然不是只有他一个人希望看到古代竞技会的复兴，但他是唯一有决心坚持到底的人。有好几件事给他带来了启发。德国人从19世纪70年代开始对奥林匹亚的发掘让他印象深刻，为他播下了理想的种子。后来，英国、德国、希腊等地举行了自称为"奥林匹克运动会"的比赛，其中大部分都是自我吹嘘的乡间集会，但希腊的比

皮埃尔·德·顾拜旦男爵（1863—1937），现代奥林匹克运动会的主要发起人。

赛（位于雅典，由百万富翁埃万杰利斯·扎帕斯赞助）像古时候一样，不仅有来自希腊本土的选手，还吸引了散居海外的希腊人。但在这种"奥林匹克运动会"上，展示希腊的农业产品比进行体育竞技更重要，而顾拜旦想把奥林匹克办成现代世界最顶级的体育盛会，就像古时候那样。

于是，顾拜旦开始着手复兴竞技会，打造古代奥林匹亚竞技会"团结、平等、和睦"理念的现代版本。当然，他没有天真地认为复兴竞技会就能自动带来世界和平，但他确实相信这可以培养尊重——彼此尊重是至关重要的第一步。这是他毕生奋斗的理想，也让他耗尽家财。顾拜旦去世后，遗体被葬在洛桑，但心脏被送往奥林匹亚，埋在奥林匹克总部的一座纪念碑下。

19世纪90年代早期，顾拜旦已成为法国体育界和教育界的重要人物。他交游广阔，掌握了关于其他国家体育状况和地位的第一手信息。体育运动在美国受到的热烈欢迎让他大开眼界。1889年，巴黎的世界博览会又让他了解到国际性盛会的巨大吸引力和情绪感染力。1894年，他主持了法国重要的体育联合会联席会议，并邀请来自全球79个国家的体育及教育从业者参加"业余者代表大会"，讨论为业余男性运动员（女性还不行）设立国际奥林匹克运动会。

顾拜旦的所有提案都通过了：运动会每四年举行一次，以继承古代竞技会的精神为主，无须精确复制（例如运动员不需要裸体参赛，比赛项目也有所不同）。雅典的德米特里乌斯·维凯拉斯当选第一任国际奥林匹克委员会主席,但仅仅两年后顾拜旦就接任了这一职务,然后一直干到1925年退休。当时全球大部分媒体都认为这个想法实现的可能性不大。体育运动在19世纪末仍是边缘领域,仅在英国、美国和英国的海外殖民地较受欢迎,在欧洲的影响力不大。

任命维凯拉斯是一项明智的举措。出于象征性原因,顾拜旦想让第一届现代奥运会(1896年)在雅典举行,但他知道希腊是一个贫穷的国家——几年前刚刚宣布破产——料想会遭到官方反对。他需要一个当地的盟友,而维凯拉斯有足够的声望和地位来帮助他。希腊国王乔治一世表示了支持,但政府是另一回事。首相查里劳斯·特里库皮斯在进入第三个任期时向民众承诺施行财政保守主义,并力证国家无法承担运动会的支出。顾拜旦前往雅典,机智地赢得了媒体和更多皇室成员的支持,然后,他指出雅典已经具备现成的体育设施,并为整场运动会制定了一个低得出奇的预算——他没有把实话全讲出来。

特里库皮斯在民众的压力下妥协了,毕竟对希腊来说,举办奥运会是展示国家"欧洲化"意愿的好办法。他很快就退休去了法国(碰巧在奥运会举办前几天去世),而希腊人此时已下定决心要开展这个项目。但很显然,他们发现举办比赛的开销会远远超过顾拜旦的预算,于是富有的希腊海外侨民的捐款蜂拥而至。希

下页图
古老的泛雅典娜体育场经过翻新后成了1896年奥运会的主要比赛场地。

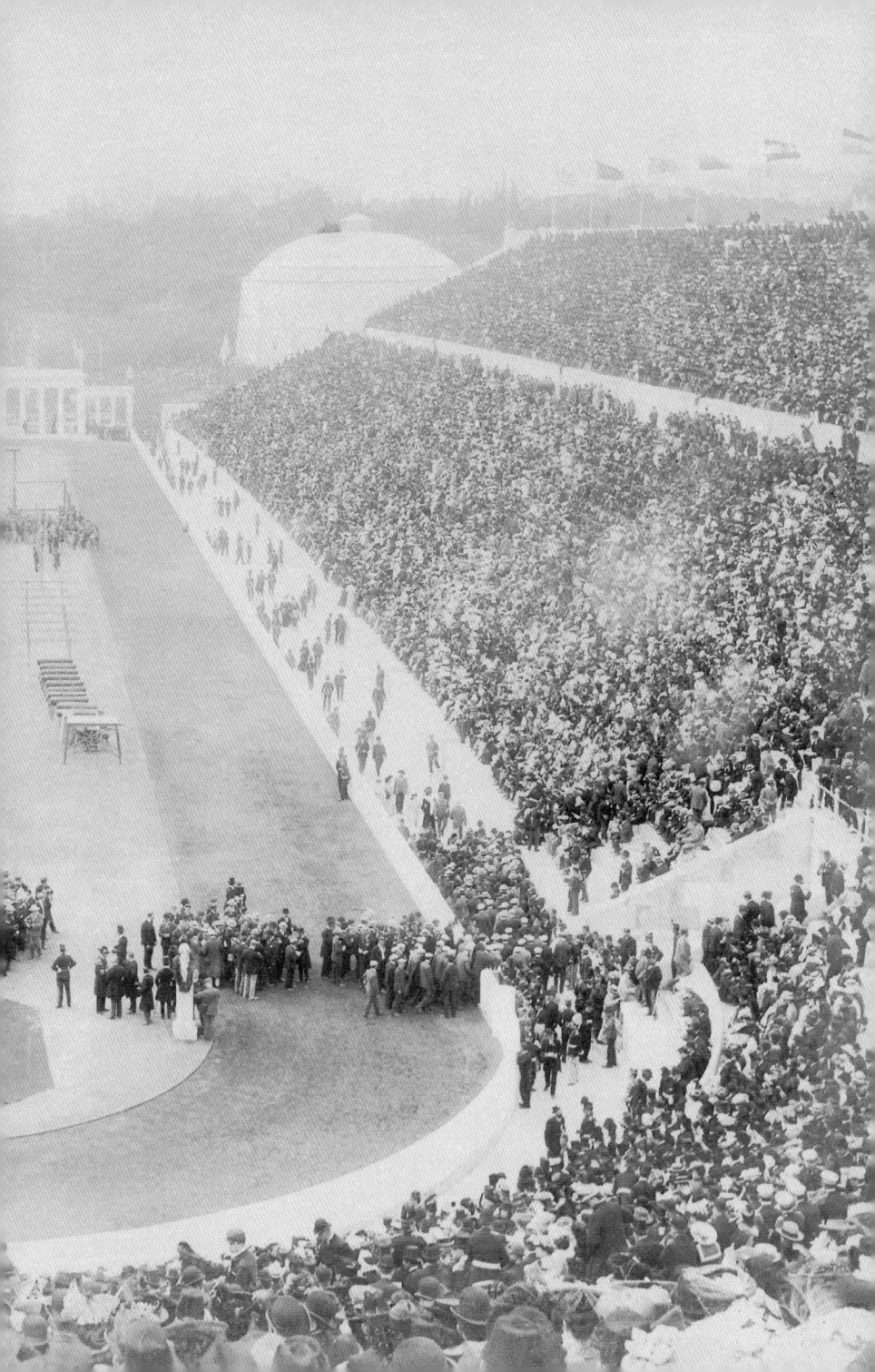

腊超级富豪乔治奥斯·阿维洛夫个人承担了用大理石和木制座椅翻新古老的泛雅典娜体育场的全部费用。为了筹款,希腊还发行了特殊邮票。

顾拜旦是一个精力充沛的人,不但起草了对个人和体育俱乐部的邀请函,试图修补敌对国家之间的关系,还制定了奥运会的流程。一切就绪后,他前往奥林匹亚,进行了被长期耽搁的朝圣之旅。他后来说:"在这个神圣的地方,我意识到自己在五个月前宣称要恢复沉睡了一千五百年的奥林匹亚竞技会是一项多么艰巨的任务,我也预见了这一路上会阻挠我的所有障碍。"但没有任何障碍是无法跨越的,奥运会按计划举办了。

1896年奥运会

奥运会于4月6日开幕。雅典街头的横幅上写着:"奥林匹克运动会,公元前776年—公元1896年。"空气中流动着音乐的旋律。约10万名观众来到这里——这种规模的和平集会在当时前所未有。一名来自美国的参观者波顿·霍姆斯写道:"眼前的景象让我们激动不已,这在当代社会从未有人见证过。看到人山人海的体育场的第一眼,将成为人生最伟大的时刻之一。"[2]

旗帜和雕像装饰着体育场。人们大声喝彩,欢迎希腊皇室入场。与今天不同,当时没有运动员列队入场仪式,也没有奥运圣火(奥运火炬接力仪式始于1936年),但有成百个雅典学童进行体操表演。当时也还没有象征五大洲的奥运五环,因为顾拜旦在

1913年才将它们创造出来。国王宣布奥运会开幕，随后合唱队演唱《奥林匹克圣歌》。这首歌由科斯蒂斯·帕拉马斯作词、斯皮罗·萨马拉斯作曲。闭幕式上会再次演奏这首歌曲，1956年的墨尔本奥运会上，它成了奥运会的官方会歌。

与古代竞技会一样，1896年的奥运会参赛者全部是男性。最初的女子项目到1900年才加入（高尔夫球和草地网球），后来又经过许多届奥运会，女性才被允许参加所有项目。毕竟，如果以古希腊人为典范，参与竞争是男性的特权。音乐和表演虽然无法跟今天那些活力四射的节目相提并论，但比任何比赛项目都令人印象深刻，因为那时只有美国人和一些英国人才进行赛前训练（所以比赛水平不高）。此外，煤渣铺的赛道太软，古老的体育场跑道在转弯处半径太小，不利于选手加速。当年只有9个项目：田径、自行车、击剑、体操、射击、游泳、举重和摔跤，由于整个运动会期间天气都不好，赛艇和帆船比赛被取消了；马术比赛则因为耗资太大，在筹备阶段就被取消了。此届奥运会共有311名参赛者，其中230名是希腊人。虽然美国队不是参赛人数最多的外国代表队（法国队和德国队人数都比美国队多），却是唯一一支装备精良且受过良好训练的队伍，因此夺得的冠军数量最多。冠军会被授予银质奖牌。

运动会在第五天的马拉松比赛中达到高潮。比赛的起点在雅

下页图
1896年奥运会马拉松项目中的三位选手（身份未知），
这是人们第一次进行如此长距离的赛跑。

典东北部的马拉松村,终点为城市里的主体育场,全程约40千米,被称作有史以来第一次重现古人跑步项目的传奇长跑(见附录)。没有人知道会发生什么。选手有能力跑完全程吗?开跑时有17名参赛选手。在没有严格遵循报名规则的情况下,一个名叫斯皮罗·路易斯的农民(他不是绅士,所以也不是体育俱乐部的成员)成功进入了比赛。五万名观众挤满了体育场,还有数千人在赛道沿线观看。过去的几天中,大部分希腊观众都能保持风度,为美国人一连串的胜利礼貌地鼓掌喝彩,但他们渴望能有一位希腊人在马拉松项目中夺得冠军。

马拉松比赛于下午2点开始。一名德国自行车手给体育馆传来消息,说代表大英帝国参赛的澳大利亚选手埃德温·弗莱克领先,但随后又传来了确切的消息,一名希腊人处于领先位置。不久后,被太阳晒伤、浑身尘土的路易斯跑进体育场,几乎没有疲惫的样子。他表现得很聪明,一开始在后面保持良好的状态,甚至似乎还停下来喝了一杯酒。在午后的阳光下(几乎是这届运动会期间唯一出现阳光的一天),其他出发时就拔腿冲刺的运动员在上坡路段就已体力不支。路易斯比第二名领先7分钟,而后者比第三名领先半分钟。前三名都是希腊人,但获得第三名的选手后来被取消了资格,因为他在路上搭了一辆二轮马车。冠军成绩——当然也是世界纪录,这是第一场马拉松比赛——为2小时58分30秒。

人们疯狂地挥舞着旗帜和帽子,欢呼雀跃,流下了喜悦的眼泪。乐队不得不一遍又一遍地演奏希腊国歌。康斯坦丁王子和弟弟乔治在路易斯进入体育场跑最后200米的时候一左一右陪在他身旁。一束束鲜花抛在路易斯身上。国王也站了起来，在空中挥舞着帽子。两位王子把冠军抬在肩膀上。顾拜旦一直记得这个场景，这是他一生中见过的最非凡的场面。

几天后，只有一家希腊报纸提出抱怨，认为允许农民参赛不合规则，应该只让与其他国家选手具有同等社会地位的人参加。我们已经看到，古代奥林匹亚竞技会的胜利者在回乡时会获得巨大的荣誉和特权，同样的情况也发生在了路易斯身上。伴随着爱国热情，女人们试图送给路易斯金链和手表，男人们则要给他大量现金，还有人愿意提供一整年的免费伙食、一生中每天两次的免费咖啡，供他随意享用。一名女性（我们听说）甚至提出，如果马拉松比赛的冠军是希腊人就愿意嫁给他，但她发现冠军是农民后就反悔了。路易斯拒绝了几乎所有的礼物。他是一个不爱出风头的年轻人，从没有用自己的声誉换取物质。不过四十年后，他答应在柏林奥运会的开幕式上做希腊队的领队。他的名字广为流传，并成为谚语："做一个路易斯（to do a Louis）。"这在现代希腊语中的意思是做出特别的努力。奥运会在2004年重回雅典举办时，主体育场便以他的名字命名。

1896年的奥运会不可避免地带有趋炎附势倾向和精英主义色彩——这是对古代竞技会的真实反映。顾拜旦的理念是严格遵守业余原则，但这实际上就把参赛资格限制在了有钱的贵族范围内。那些人都是世界各地体育俱乐部的成员，有空闲时间参加训练。

那是"业余绅士"的时代。你可能会想起1981年那部关于1924年奥运会的电影《烈火战车》中标志性的一幕,奈杰尔·哈维斯饰演的安德鲁·林赛勋爵在他的庄园里练习跨栏时,会在每一个栏上放一杯香槟,然后一一无接触跨过,尽显贵族风范。这并不是在夸大其实。

顾拜旦认为,雅典奥运会的成功证明了自己的观点,即奥运会可以促进国家之间的友谊,最终实现和平。他看到了舍弃了民族主义的爱国精神,运动员诚信竞争、彼此尊重,对优秀的身体素质有着共同追求。他认为古代奥林匹亚竞技会体现了上述所有价值观,所以觉得自己已经完成了本来的目标:复兴古代奥林匹亚竞技会。像古代竞技会一样,他为现代运动员提供了一个展示卓越自我的平台。

人们宣布,1896年的奥运会获得了巨大成功,希腊皇室希望雅典能成为奥运会的永久举办地,国王称希腊为"古代竞技体育的母亲和摇篮",甚至整支美国队都支持把奥运会留在雅典。但顾拜旦的理想是举行真正的全球性盛会,让奥运会在世界各大城市之间流转。这是他对古代竞技会的国际性的新阐释。顾拜旦接任维凯拉斯成了国际奥委会主席,用自己的权威压制了反对意见,确定了1900年的奥运会在巴黎举办。

作为折中方案,顾拜旦建议雅典在两届国际奥运会中间举办一次运动会。结果,这个"届间奥运会"只在1906年举办过一次。

穿着白短裙的斯皮罗斯·路易斯(右)在1896年奥运会闭幕式上与其他希腊籍奖牌得主站在一起。

也幸好他们只办了一次,因为1900年的巴黎奥运会和1904年的圣路易斯奥运会都相当失败。人们开始失去举办奥运会的动力——所幸1906年的届间奥运会取得了巨大成功,1908年的伦敦奥运会也很好地让公众保持了兴趣。之后,由于1912年斯德哥尔摩奥运会的辉煌,奥林匹克运动积攒了足够的力量,渡过了"第一次世界大战"的难关——并一直延续到了未来。

******
附录 马拉松的传说

人们通常认为，马拉松为纪念一位古代跑步运动员的壮举而创办，可惜这个观点错上加错。历史上那样的长跑并没有真实发生过，马拉松长跑的距离选定为42.2千米也只有一百多年的历史。当然，雅典东北方向不远处的马拉松平原上确实发生过一场著名的战役。公元前490年，波斯人为了惩罚雅典人支持波斯帝国叛乱分子的行为而入侵希腊，令所有人惊讶的是，人数上不占优势的雅典军队在马拉松战役中击败了波斯人。

1896年雅典奥运会的高潮是马拉松比赛，在整场奥运会的第五天进行，选手从马拉松村跑到雅典的体育场（由一位富有的希腊侨民出资翻新的古老的泛雅典娜体育场），距离约40千米。大众媒体称这次比赛为有史以来第一次"重现"了一位古代信使的长跑——那位信使在公元前490年把希腊人在马拉松战役中获胜的消息带到了雅典。

但实际上，并没有证据表明此事真的发生过。哈利卡纳苏斯的希罗多德讲述了一个名叫菲利皮德斯或菲狄皮德斯的跑步运动员的故事，他从雅典被派往斯巴达（距离约225千米），请求斯巴达人来支援雅典、对抗波斯人，当时波斯人眼看就要登陆马拉松平原了。换句话说，作为距离真实事件最近的史料来源（战役后约60年），希罗多德从未提到有任何人跑过40千米的距离，更没提到有人跑去马拉松村、马拉松战场，或从马拉松村、马拉松战场跑出来。*

就我们目前掌握的资料而言,这个虚假的马拉松故事在战役发生六百年之后奇罗尼亚的普鲁塔克笔下才再次出现。他说有一个名叫欧克勒斯的雅典士兵身着盔甲从战场跑到雅典,"冲入领袖们的会议室大门,只来得及说一句:'大家好!我们胜利了!'就倒地而死"。后来来自萨莫萨塔、文笔风趣优美的琉善讲述了一个与普鲁塔克相同的故事,但是主人公的名字与希罗多德笔下的一样。[1]这个融合了不同版本的故事流传了下来,通过后世的传诵(如罗伯特·布朗宁1879年的诗作《菲狄皮德斯》)为我们熟知。

所以可以说,古代没有马拉松长跑。首次现代马拉松比赛全程约为40千米(约25英里)。除了1896年的雅典奥运会,1900年和1904年的奥运会(以及1906年的届间奥运会)上的马拉松比赛也是这个距离。甚至从1897年开始一年一度的波士顿马拉松最初的赛程也是这个距离。25英里是一个漂亮的整数,但今天的马拉松比赛距离——26英里385码是个不规则的数字,换算成千米也不是整数。那么,这个数字是怎么来的?

1908年,伦敦被选为奥运会主办地(这是最后一刻的决定,因为罗马放弃了主办权)。举办大部分项目的主体育场,也是马拉松比赛的终点,位于西伦敦的谢普尔布什地区。马拉松比赛计划从伦敦西部开始,但国王爱德华七世和其他皇室成员向组织者

---

* 菲狄皮德斯的长跑仍在斯巴达超级马拉松比赛中被纪念,这个比赛自1984年开始每年举办一次。

施压，要求把起点定在温莎，这样他们从城堡里就可以观看比赛。组织者非常乐意服从国王的要求，只有一个问题：如果从温莎城堡脚下开始比赛，就需要把比赛距离延长一英里多……就这样，距离变成了26.2英里。这次奥运会后不久，国际体坛接受了这个长度，将其作为马拉松比赛的官方距离。

相关事件年表

公元前

约1400年
奥林匹亚出现了第一批居民。

776年
传统上认为第一届奥林匹亚竞技会举办的时间,当时比赛项目只有赛跑。

约750—480年
希腊历史上的"古风时期"。

708年
奥林匹亚竞技会引入搏击类项目。

680年
奥林匹亚竞技会引入马术项目。

676年
比萨获得奥林匹亚控制权。

约650年
运动员裸体参赛成为奥林匹亚竞技会的常态。

632年
奥林匹亚竞技会引入少年组项目。

约590年
伊利斯重新获得奥林匹亚控制权。

586年
德尔斐的皮提亚竞技会改革,使之与奥林匹亚竞技会一致。

580年
伊斯特摩斯竞技会在科林斯附近创立。

573年
尼米亚竞技会创立;"冠冕竞技会"联盟形成。

566年
雅典的泛雅典娜节升级为国际性竞技会。

约550年
赫拉节在奥林匹亚重新组织起来,并以未婚少女赛跑作为比赛项目。

约520年
克罗顿的米隆开始活跃。

518—约440年
颂诗诗人、波奥提亚的品达生活的年代。

490年
马拉松战役。

480—479年
希波战争。

479—323年
希腊历史上的"古典时期"。

476年
奥林匹亚设立了一个国际委员会以调解城邦关系,但维持时间很短。

约460年
建造奥林匹亚宙斯神庙。

约450年
萨索斯的特奥根尼斯开始活跃。

约435年
雅典的菲迪亚斯设计了奥林匹亚的宙斯神像。

431—404年
斯巴达与雅典爆发伯罗奔尼撒战争。

420年
出于政治因素,斯巴达人被排除在奥林匹亚竞技会参赛名单之外。

约410年
伊利斯的希庇亚开始活跃。

408年
雷昂底恩的高尔吉亚在奥林匹亚发表演说。

402—400年
斯巴达与伊利斯爆发战争。

396年
奥林匹亚竞技会上出现第一位女性胜利者(斯巴达的西尼斯卡)。

392年
奥林匹亚竞技会裁判人数上升至10人。

388年
叙拉古或雅典的吕西亚斯在奥林匹亚发表演说。

380年
雅典的伊索克拉底在奥林匹亚发表演说。

364年
奥林匹亚圣地发生了暴力行为;在比萨人短暂地掌握奥林匹亚的管理权后,伊利斯人将其重新夺回。

356年
马其顿的腓力被允许参加奥林匹亚竞技会。

约330年
新体育场(第三座)建成。

323年
亚历山大大帝逝世。

323—30 年
希腊历史上的"希腊化时期"。

前 146 年—1453 年
罗马帝国时代。

80 年
奥林匹亚竞技会被取消；只在奥林匹亚举行了一项少年组赛跑。

27 年
罗马皇帝奥古斯都把阿克提亚竞技会加入"冠冕竞技会"联盟。

12 年
大希律王赞助竞技会。

公元

67 年
罗马皇帝尼禄操纵竞技会。

约 160—170 年
帕萨尼亚斯四处游历并撰写《希腊志》。

165 年
哲学家佩里格林努斯在奥林匹亚自杀。

约 170—245 年
《论体育竞技》的作者菲洛斯特拉图斯生活的年代。

393 年
罗马皇帝狄奥多西一世下令关闭所有非基督教宗教场所并终止相关节日与竞技会。

1766 年
理查德·钱德勒发现奥林匹亚遗址。

1821—1832 年
希腊人反对奥斯曼帝国统治，发动独立战争。

1829 年
法国探险队发现宙斯神庙。

1859 年
第一个"奥林匹克运动会"（共有四个）在雅典举办，由埃万杰利斯·扎帕斯赞助，比起体育竞技更注重农业创新。

1860—1864 年
威廉·佩尼·布鲁克斯组织什罗普郡奥林匹克运动会。

1863—1937 年
顾拜旦生活的年代。

1866 年
威廉·佩尼·布鲁克斯的全国奥林匹克联盟在伦敦举办比赛。

1875—1881年
德国考古研究所在奥林匹亚进行第一阶段一年一度的发掘。

1894年
顾拜旦成立国际奥林匹克委员会。

1896年
第一届现代奥林匹克运动会在雅典举办。

1988年
奥运会向职业运动员开放。

注释

前言

1. Pindar, *Pythian Odes*, 8.86–7.
2. 'The Sporting Spirit', *Tribune* (London), December 1945; available at www.orwell.ru/library/articles/spirit/english/e_spirit.
3. Tyrtaeus, fragment 12 West; Euripides, fragment 282 Nauck, from the lost *Autolycus*, part of a longer paragraph criticizing athletics.

第一章 神圣的奥林匹亚

1. 品达的 *Pythian Odes* 2 和 3 同样受希罗委托所作。
2. Aelian, *On the Nature of Animals*, 5.17.
3. *Epigraphes Kato Makedonias* 1.398.
4. Diogenes Laertius, *Lives of Eminent Philosophers*, 1.39.
5. Herodotus, *Histories*, 8.144.
6. Philostratus, *On Athletic Exercise*, 17.
7. Pausanias, *Description of Greece*, 5.11.
8. Homer, *Iliad*, 6.208, 11.783.
9. Athenaeus, *The Learned Banquet*, 1.5e.
10. 这句话出自罗马时期的一块石板,并非发现于奥林匹亚,而是在雅典的市政广场,不过我们可以推测,这种情况在奥林匹亚也会发生。D. Jordan, 'Fourteen Defixiones from a Well near the Southwest Corner on the Athenian Agora,' *Hesperia*, 54 (1985), 205–55.

第二章 起源

1. Pausanias, *Description of Greece*, 5.7–8. For alternative dates for the start of the Olympics, see P. Christesen, *Olympic Victor Lists and Ancient Greek History* (Cambridge University Press, 2007), Appendix 14.
2. Pindar, *Olympian Odes*, 10; Aulus Gellius, *Attic Nights*, 1.1.
3. Plutarch, *Moralia*, fragment 7 Sandbach.
4. Pindar, *Olympian Odes*, 1; Pausanias, *Description of Greece*, 5.17.7; Apollodorus, *Epitome*, 2.3–9.

5. Thucydides, *History*, 5.11.1.
6. See the discussion in T. Scanlon, *Eros and Greek Athletics* (Oxford University Press, 2002), chapter 3.
7. See e.g. D. Sansone, *Greek Athletics and the Genesis of Sport* (University of California Press, 1988).
8. A. Patay-Horvath, *The Origins of the Olympic Games* (Archaeolingua, 2015).
9. Strabo, *Geography*, 8.3.30.
10. See especially C. Morgan, *Athletes and Oracles: The Transformation of Olympia and Delphi in the Eighth Century BC* (Cambridge University Press, 1990).
11. Homer, *Odyssey*, 8.145–64.
12. Plato, *Laws*, 807c.
13. Aristotle, *Rhetoric*, 1365a 26–7. Ephesus inscription: *I.Eph.* 2005 (see also *I.Eph.* 1416). Papyrus: Miller, *Arete*, no. 207.
14. Isocrates, *The Team of Horses*, 33.
15. Xenophon, *Memorabilia*, 3.7.1.

第三章　古希腊的体育与社会

1. Livy, *History of Rome*, 33.32.2.
2. Herodotus, *Histories*, 8.26.
3. Xenophanes, fragment 2 Diels/Kranz.
4. Plato, *Apology of Socrates*, 36d–e. For Isocrates, see e.g. *Letter*, 8.5.
5. Herodotus, *Histories*, 5.71; Thucydides, *History*, 1.126.
6. Pindar, *Nemean Odes*, 5.1–3.
7. *Supplementum Epigraphicaum Graecum*, 47.1745.
8. I Maccabees 1.14.
9. Pindar, *Olympian Odes*, 9.94; Dio Chrysostom, *Orations*, 28.5.
10. Plato, *Charmides*, 155c.
11. *Theognidea*, 1335–6.
12. Plato, *Phaedrus*, 255c ff.
13. Plato, *Symposium*, 182a–d. The basic book on the subject is K. Dover, *Greek Homosexuality* (2nd ed., with new introductions, Bloomsbury, 2016).
14. Pseudo-Xenophon, *The Constitution of the Athenians*, 1.13.
15. Aeschines, *Against Timarchus*, 138; Plutarch, *Solon*, 1.
16. Miller, *Arete*, no. 185.
17. Pindar, *Olympian Odes*, 8.54–66.
18. Charmis: Sextus Julius Africanus (3rd century ce), *Chronography*, under the year 668. Avoidance of sex: Plato,

Laws, 839e–840a. Cleitomachus: Plutarch, *Moralia*, 710d (*Table Talk*); Aelian, *Historical Miscellany*, 3.30, *On the Nature of Animals*, 6.1.

19. Philostratus, *On Athletic Exercise*, 20–3.
20. Cross-training by swimming: Philostratus, *On Athletic Exercise*, 43. Galen, *On Exercise with a Small Ball*, *On the Preservation of Health*, 2.9.
21. Epictetus, *Discourses*, 3.15.2–3.
22. Pausanias, *Description of Greece*, 1.44.1. The second version is from Isidore of Seville, *Etymologiae*, 18.17.2, written in the seventh century ce.
23. Aristotle, *Politics*, 1297a25-31.

第四章　奥林匹亚竞技会

1. Second Hypothesis to Demosthenes, *On the Dishonest Embassy*, 3.
2. Xenophon, *Hellenica*, 4.1.40; Pausanias, *Description of Greece*, 6.2.10–11.
3. Diodorus of Sicily, *Library of History*, 1.95. A similar story in Herodotus, *Histories*, 2.160.
4. Miller, *Arete*, no. 81.
5. Miller, *Arete*, no. 84.
6. This table is based on Pausanias, *Description of Greece*, 5.8.6–5.9.1, who followed Hippias' dating.
7. Timaeus of Tauromenium, fragment 26a Jacoby.

第五章　比赛项目

1. Pausanias, *Description of Greece*, 6.13.9.
2. Xenophon, *Agesilaus*, 9.6.
3. Miller, *Arete*, no. 98b.
4. Sophocles, *Electra*, 696–756.
5. Aristotle, *The Art of Rhetoric*, 1361b7–11.
6. 这两位运动员分别是：公元前7世纪斯巴达的基奥尼斯，记载于公元2世纪Zenobius，*Proverbs*，6.23；公元前5世纪初的克罗顿的法伊鲁斯，记录在epigram，*Palatine Anthology*，Appendix，3.297.
7. Pausanias, *Description of Greece*, 8.40.1.
8. Philostratus, *On Athletic Exercise*, 10; Eustathius, 1324.18.
9. Dio Chrysostom, *Orations*, 28–9.
10. *Supplementum Epigraphicum Graecum*, 22.354 (second century CE).
11. Aelian, *Historical Miscellany*, 10.19.
12. Theocritus, *Idylls*, 22.27–134.

13. Pausanias, *Description of Greece*, 6.4.3.
14. Pindar, *Isthmian Odes*, 4.48.
15. Pausanias, *Description of Greece*, 5.21.18. 发生在公元25年的奥林匹亚竞技会上。
16. Pausanias, *Description of Greece*, 5.12.8.
17. Pausanias, *Description of Greece*, 5.16.

第六章　英雄与胜利者

1. L. Moretti, *Iscrizione Agonistiche Greche* (Signorelli, 1953), 59.
2. Pausanias, *Description of Greece*, 6.11.
3. Pausanias, *Description of Greece*, 6.6; Strabo, *Geography*, 6.1.5.
4. J. Ebert, *Griechische Epigramme auf Sieger an gymnischen und hippischen Agonen* (Berlin, 1972), no. 37.
5. Pausanias, *Description of Greece*, 6.5.
6. Pausanias, *Description of Greece*, 6.14.5–8; Athenaeus, *The Learned Banquet*, 10.412f.
7. Simonides, *Epigrams*, 25 Page.
8. Pausanias, *Description of Greece*, 6.7.
9. Diodorus of Sicily, *Library of History*, 17.100.

第七章　奥林匹亚与政治

1. Plato, *Hippias Minor*, 368b–d.
2. Herodotus, *Histories*, 5.22.
3. Thucydides, *History*, 5.49–50.
4. Pausanias, *Description of Greece*, 6.2.2–3; Xenophon, *Hellenica*, 3.2.22.
5. Xenophon, *Hellenica*, 7.4.28–32.
6. Eusebius, *Chronica*, 462–3 Christesen (early fourth century CE).

第八章　衰落与复兴

1. Lucian, *On the Death of Peregrinus*.
2. Burton Holmes, *The Olympian Games in Athens, 1896. The First Modern Olympics* (Grove Press, 1984), 59.

附录　马拉松的传说

1. Plutarch, *Whether Military or Intellectual Exploits Have Brought Athens More Fame,* 347c; Lucian, *On a Slip of the Tongue in Greeting*, 3.

扩展阅读

古希腊体育运动

Mark Golden, *Sport and Society in Ancient Greece* (Cambridge University Press, 1998).

Harold Harris, *Greek Athletes and Athletics* (Hutchinson, 1964).

Stephen Miller, *Ancient Greek Athletics* (Yale University Press, 2004).

Michael Poliakoff, *Combat Sports in the Ancient World: Competition, Violence and Culture* (Yale University Press, 1987).

Sofie Remijsen, *The End of Greek Athletics in Late Antiquity* (Cambridge University Press, 2015).

Thomas Scanlon, *Eros and Greek Athletics* (Oxford University Press, 2002).

奥林匹亚竞技会

Neil Faulkner, *A Visitor's Guide to the Ancient Olympics* (Yale University Press, 2012).

Michael Scott, *Delphi and Olympia: The Spatial Politics of Panhellenism in the Archaic and Classical Periods* (Cambridge University Press, 2010).

Nigel Spivey, *The Ancient Olympics* (2nd ed., Oxford University Press, 2012).

Judith Swaddling, *The Ancient Olympic Games* (3rd ed., British Museum Press, 2015).

David Young, *A Brief History of the Olympic Games* (Blackwell, 2004).

原始资料

Stephen Miller, *Arete: Greek Sports from Ancient Sources* (3rd ed., University of California Press, 2004; repr. with an introduction by Paul Christesen, 2012).

学术文集

Paul Christesen and Donald Kyle (eds), *A Companion to Sport and Spectacle in Greek and Roman Antiquity* (Wiley-Blackwell, 2013).

Nigel Crowther, *Athletika: Studies on the Olympic Games and Greek Athletics* (Weidmann, 2004).

Jason König (ed.), *Greek Athletics* (Edinburgh University Press, 2010).

Wendy Raschke (ed.), *The Archaeology of the Olympics* (University of Wisconsin Press, 1988).

Thomas Scanlon (ed.), *Sport in the Greek and Roman Worlds* (2 vols, Oxford University Press, 2014).

现代奥林匹克运动会的复兴

Michael Llewellyn Smith, *Olympics in Athens 1896: The Invention of the Modern Olympic Games* (Profile, 2004).

图片来源

目录前 Hercules Milas/Alamy Stock Photo;

pp. 4–5 IURII BURIAK/Shutterstock;

p. 14 Print Collector/Getty Images;

p. 22 Mary Evans/Classicstock/SIPLEY;

pp. 26–27 Robin Waterfield;

p. 29 Robin Waterfield;

p. 37 Alamy Stock Photo;

p. 42 akg-images/jh-Lightbox_Ltd/John Hios;

p. 46 The Met/Bequest of Walter C. Baker, 1971;

pp. 50–51 Alamy Stock Photo;

pp. 54–55 Alamy Stock Photo;

pp. 66–67 Aerialmotion/Shutterstock;

pp. 70–71 Shutterstock;

pp. 78–79 Robin Waterfield;

p. 83 Fine Art Images/Heritage Images/Getty Images;

p. 93 The MET/Rogers Fund, 1941;

p. 95 Leemage/Getty Images;

p. 103 Alamy stock Photo;

p. 109 The Met/Rogers Fund, 1907;

p. 117 Art Library/Alamy Stock Photo;

p. 119 The Met/Rogers Fund, 1914;

p. 121 Erin Babnik/Alamy Stock Photo;

pp. 126–127 World History Archive/Alamy Stock Photo;

p. 129 akg-images/Erich Lessing;

p. 133 Bridgeman Images;

p. 141 By Carole Raddato, Frankfurt, Germany;

p. 144 and 145 Wikimedia Commons;

pp. 148–149 © MarieLan Nguyen;

p. 154 Bridgeman Images;

pp. 156–157 Interfoto/Alamy Stock Photo;

p. 163 Robin Waterfield;

p. 167 akg-images;

pp. 170–171 Science History Images/Alamy Stock Photo;

p. 178 Chris Hellier/Alamy Stock Photo;

pp. 186–187 Robin Waterfield;

pp. 190–191 Robin Waterfield;

p. 193 Bridgeman Images;

pp. 196–197 Corbis/Getty Images;

pp. 200–201 Burton Holmes/Henry Guttman;

p. 205 Bob Thomas/ Popperfoto/Getty Images.

译名对照表

人名

A
阿格西劳斯二世 Agesilaus II
阿基斯二世 Agis II
阿库西劳斯 Acusilaus
阿里奇恩 Arrachion
阿美西纳斯 Amesinas
阿斯提洛斯 Astylus
阿忒纳乌斯 Athenaeus
阿西诺亚 Arsinoe
埃德温·弗莱克 Edwin Flack
埃克塞内托斯 Exaenetus
埃拉托色尼 Eratosthenes
埃提莫克勒斯 Etimocles
埃万杰利斯·扎帕斯 Evangelis Zappas
艾利安 Aelian
安德鲁·林赛 Andrew Lindsay
奥伊巴塔斯 Oebatas

B
毕达哥拉斯 Pythagoras
波顿·霍姆斯 Burton Holmes
波吕达马斯 Polydamas
布拉西达斯 Brasidas

C
查里劳斯·特里库皮斯 Charilaus Trikupisz

D
达玛哥特斯 Damagetus
德米特里乌斯·维凯拉斯 Demetrius ViKelas
德墨忒尔 Demeter
狄奥·克里索斯托 Dio Chrysostom
狄奥多罗斯 Diodorus
狄奥多西 Theodosius
狄奥克西波斯 Dioxippus
狄奥尼修斯一世 Dionysius I
迪斯奥林匹斯 Disolympius
迪亚格拉斯 Diagoras
多里欧斯 Dorieus

E
俄诺玛俄斯 Oenomaus
恩培多克勒 Empedocles

F
法纳斯 Phanas
菲狄皮德斯 Pheidippides

菲迪亚斯 Pheidias
菲利皮德斯 Philippides
菲洛斯特拉图斯 Philostratus
腓力二世 Philip Ⅱ
费雷尼丝 Pherenice

J

伽倪墨得 Ganymede

G

格劳库斯 Glaucus

H

赫拉克勒斯 Heracles

J

基奥尼斯 Chionis
纪尧姆-阿贝尔·布卢埃 Guillaume-Abel Blouet

K

卡尔米斯 Charmis
卡拉格斯 Caragus
卡利波斯 Callippus
卡西利斯 Caecilis
科斯蒂斯·帕拉马斯 Kostis Palamas
克莱托马库斯 Cleitomachus
克里托斯特拉斯 Cleitostratus
克利斯提尼 Cleisthenes
库隆 Cylon

L

来库古 Lycurgus
理查德·钱德勒 Richard Chandler
利卡斯 Lichas
列昂提克斯 Leontiscus
列奥尼达斯 Leonidas
琉善 Lucian
路西乌斯·克奈里乌斯·苏拉 Lucius Cornelius Sulla
罗伯特·布朗宁 Robert Browning
吕西亚斯 Lysias

M

马加比家族 Maccabees
马可·奥勒留·阿斯克莱匹亚德斯 Marcus Aurelius Asclepiades
梅加克勒斯 Megacles
梅兰科马斯 Melancomas
梅勒西亚斯 Melesias
米隆 Milo
米提亚德 Miltiades

N

奈杰尔·哈维斯 Nigel Havers

O

欧巴托斯 Eubatus
欧克勒斯 Eucles
欧提其安 Eutychian

P
帕奥尼斯 Paeonius
帕萨尼亚斯 Pausanias
潘塔克勒斯 Pantacles
佩里格林努斯 Peregrinus
佩洛普斯 Pelops
佩西霍多斯 Peisirhodus
皮耳里阿斯 Pyrrhias
品达 Pindar
普拉克西特列斯 Praxiteles
Q
乔治奥斯·阿维洛夫 Giorgios Averoff
R
瑞亚 Rhea
S
塞奥格尼斯 Theognis
塞拉皮昂 Serapion
斯皮罗·路易斯 Spyros Louis
斯皮罗·萨马拉斯 Spyros Samaras
斯特拉波 Strabo
T
泰勒斯 Thales
特奥根尼斯 Theogenes
特奥克里托斯 Theocritus
特伊桑德 Teisander
提尔泰奥斯 Tyrtaeus

提图斯·昆克修斯·弗拉米尼努斯 Titus Quinctius Flamininus
托勒密二世 Ptolemy Ⅱ
托马斯·阿诺德 Thomas Arnold
W
威廉·佩尼·布鲁克斯 William Penny Brookes
文斯·隆巴迪 Vince Lombardi
X
锡巴里斯 Sybaris
西尼斯卡 Cynisca
希庇亚 Hippias
希波达米亚 Hippodamia
希罗 Hiero
希罗德·阿提库斯 Herodes Atticus
希佩里德斯 Hyperides
Y
雅典诺多洛斯 Athenodorus
亚西比德 Alcibiades
伊法莫斯特 Epharmostus
伊菲图斯 Iphitus
攸波勒姆斯 Eupolemus
攸里达马斯 Eurydamas
攸西克勒斯 Euthycles
攸西莫斯 Euthymus
尤西比乌斯 Eusebius

地名

A
阿尔戈斯 Argos
阿尔提斯 Altis
阿卡狄亚 Arcadian
阿凯亚 Achaea
阿克拉加斯 Acragas
埃托利亚 Aetolia
艾尔菲奥斯河 Alpheus
爱奥尼亚海 Ionian Sea
安布拉基亚 Ambracia
安菲波利斯 Amphipolis

B
巴尔斯 Barce
贝罗埃亚 Beroea
贝洛亚 Beroea
布劳隆 Brauron

D
大希腊 Magna Graecia
第勒尼安海 Tyrrhenian Sea
杜美 Dyme

F
费加里亚 Phigaleia
弗里吉亚 Phrygia

G
哥罗底亚斯河 Cladeus

H
哈利卡纳苏斯 Halicarnassus

K
卡里斯图斯 Carystus
卡利亚 Caria
凯阿岛 Ceos
凯撒利亚 Caesarea
科洛丰 Colophon
克罗顿 Croton
克洛诺斯山 Cronus

L
黎凯乌姆山 Mount Lycaeum
雷昂底恩 Leontini
留克特拉 Leuctra
罗德岛 Rhodes
洛克里 Locri

M
马格尼西亚 Magnesia
马里亚角 Cape Malea
马其顿王国 Macedon
迈索隆吉翁 Missolonghi
曼德 Mende
梅萨纳 Messana
美塞尼亚 Messenia

米利都 Miletus
墨伽拉 Megara
N
纳克索斯岛 Naxos
瑙克拉提斯 Naucratis
P
佩勒内 Pellene
佩纳俄斯河 Peneus
皮提亚 Pythia
皮同 Python
Q
奇罗尼亚 Chaeronea
S
萨莫萨塔 Samosata
萨索斯岛 Thasos
斯法克特里亚 Sphacteria
斯科图萨 Scotoussa
T
泰梅萨 Temesa
泰普萨 Tempsa
陶鲁斯 Taureas
忒该亚 Tegea
提瑞昂 Tyriaeum
W
维奥蒂亚 Boeotia

X
西锡安 Sicyon
昔兰尼 Cyrene
锡拉岛 Thera
谢普尔布什 Shepherd's Bush
叙拉古 Syracuse
Y
亚该亚 Achaia
伊利斯 Elis

专有名词

阿克提姆海战 Battle of Actium
奥林匹亚考古博物馆 Olympia Archaeological Museum
百牲祭 hecatomb
大满贯得主 periodonikes
德国考古研究所 German Archaeological Institute
法律护卫委员会 Guardians of the Law
泛雅典娜节 Panathenaea
泛雅典娜体育场 Panathenaic stadium
克里特岛人 Cretan
肯陶洛斯人 Centaurs
拉庇泰人 Lapiths
罗马和平 pax romana
欧宝 obol

切尔西足球俱乐部 Chelsea Football Club
全国奥林匹克联盟 National Olympian Association
瑞格利球场 Wrigley Field
斯坦福桥球场 Stamford Bridge stadium
业余者代表大会 Congress of Amateurs
业余者协会 Society of Dilettanti
游荡者跑步俱乐部 Stragglers Running Club
圆形神庙 Philippeion

里程碑文库
The Landmark Library

"里程碑文库"是由英国知名独立出版社宙斯之首（Head of Zeus）于2014年发起的大型出版项目，邀请全球人文社科领域的顶尖学者创作，撷取人类文明长河中的一项项不朽成就，以"大家小书"的形式，深挖其背后的社会、人文、历史背景，并串联起影响、造就其里程碑地位的人物与事件。

2018年，中国新生代出版品牌"未读"（UnRead）成为该项目的"东方合伙人"。除独家全系引进外，"未读"还与亚洲知名出版机构、中国国内原创作者合作，策划出版了一系列东方文明主题的图书加入文库，并同时向海外推广，使"里程碑文库"更具全球视野，成为一个真正意义上的开放互动性出版项目。

在打造这套文库的过程中，我们刻意打破了时空的限制，把古今中外不同领域、不同方向、不同主题的图书放到了一起。在兼顾知识性与趣味性的同时，也为喜欢此类图书的读者提供了一份"按图索骥"的指南。

作为读者，你可以把每一本书看作一个人类文明之旅的坐标点，每一个目的地，都有一位博学多才的讲述者在等你一起畅谈。

如果你愿意，也可以将它们视为被打乱的拼图。随着每一辑新书的推出，你将获得越来越多的拼图块，最终根据自身的阅读喜好，拼合出一幅完全属于自己的知识版图。

我们也很希望获得来自你的兴趣主题的建议，说不定它们正在或将在我们的出版计划之中。

里程碑文库编委会